男道

清原和博

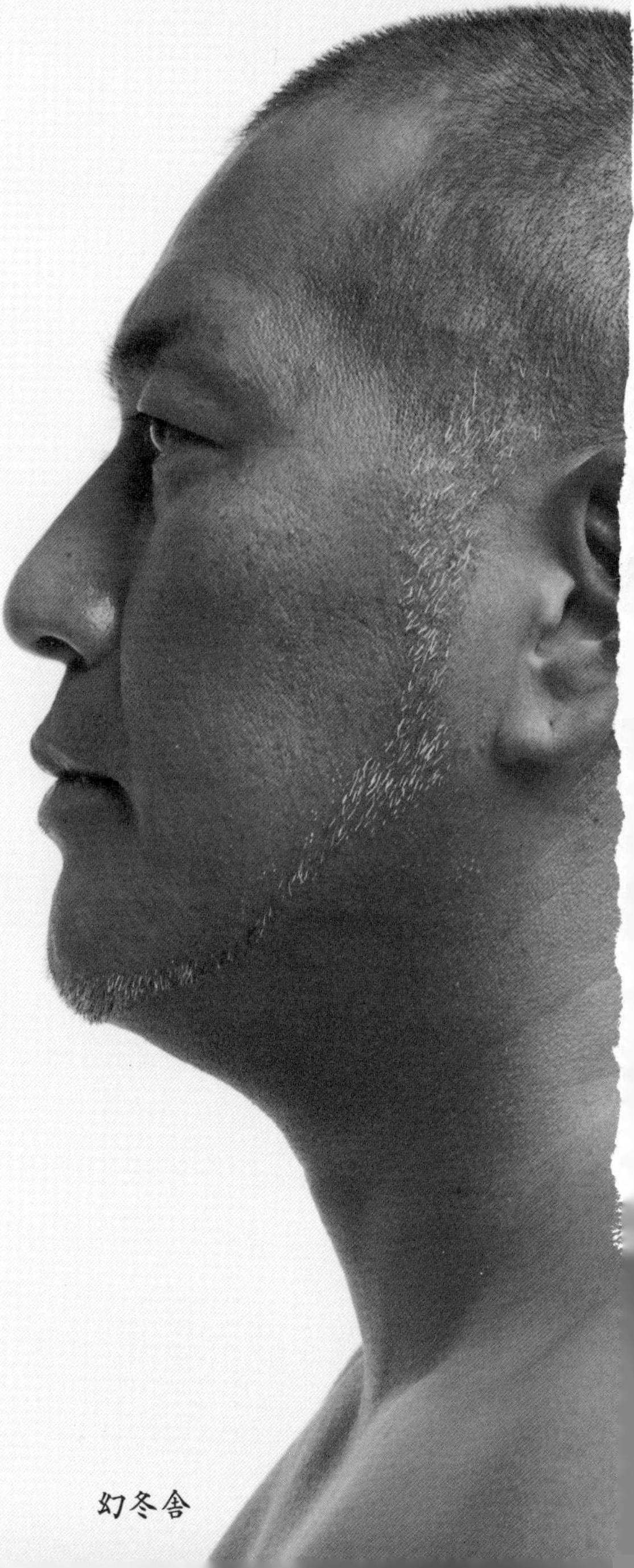

幻冬舎

2008年10月1日、現役最終打席はフルスイングで三振

男道
　おとこみち

「彼がどんな風に死んだのかを聞かせてくれ」
「いえ、私は彼がどう生きたかをお話ししましょう」

『ラスト サムライ』

プロローグ

その電話は、唐突にかかってきた。

携帯電話が鳴って、液晶画面に見慣れない数字が並んだ。いったいどこの誰だろう。首を傾げながら携帯に耳をあてると、大きな嗄《しやが》れ声がいきなりまくし立てた。

「おう、わしや」

まるで父親か、目上の親戚のような口調だ。

僕よりかなり年上の男で、しかも僕をよく知っている人らしいことはわかるのだが、肝心の声にまったく聞き覚えがなかった。

「はっ？　誰ですか？」

そういう返事をしたと思う。電話の向こうの人は、なぜ自分がわからないのかという調子で、畳みかけてきた。

「わしや、わし。仰木や」

仰木という名字で、僕の知る人は一人しかいない。

電話の主は、まさにその仰木彬監督だった。

知っているとは言っても、挨拶《あいさつ》以上の話をしたことはそれまで一度もない。

記憶に残っているのは、シーズンオフにテレビ番組でご一緒したときのこと。収録の合間にトイレに行ったら、仰木さんが後から入ってきた。朝飯のお茶代わりにビールを飲むような人だから、その時もほろ酔い加減だったと思う。隣に立って用を足しながら、ボソリとこう呟《つぶや》いた。

「たくさんブツけて悪かったの」

死球のことを言っているのは、すぐにわかった。

仰木さんは僕の敵であり、それも極めつきの嫌な敵だった。西武ライオンズと近鉄バファローズが、毎年のように優勝を目指して熾烈《しれつ》な争いをしていた時代の話だ。僕は西武の4番バッターで、仰木さんは近鉄の監督だった。

相手チームの人間全員を、いつも敵と意識しているわけではない。バッターが戦う相手は、何と言ってもピッチャーでありキャッチャーなのだ。けれど、時として、その戦いに割り込んでくる監督がいる。その代表が仰木さんだった。

ここ一番という勝負所になると、仰木監督は必ずと言っていいくらい、僕の嫌なことをしてきた。ネクストサークルで気合いを入れ、バッターボックスに立ってピッチャーを睨《にら》みつけた瞬間に、そのピッチャーを交代する。右打ちしようと密《ひそ》かに決めていると、サインを出して野手の配置を変える。まるで心を読んでいるかのような采配《さいはい》で、僕の集中力を奪うのだ。

おかげで何度、三振させられたことか。その時ばかりは、目の前のピッチャーではなくて、仰木監督と戦っているような気持ちになったものだ。

仰木さんはそういう意味で、僕にとってはいちばん嫌な監督だった。もちろんそれは逆も言えるわけで、仰木さんにとって僕は真っ先に叩くべき憎いバッターでもあったに違いない。仰木さんはなんとしても僕を潰《つぶ》そうと、投手陣には死球になってもいいから徹底的に内角を攻めろと指示を出していたらしい。その際どい内角球から逃げないのが僕の戦い方だった。当てられるもんなら、当ててみい。お前にその度胸があるんか。そういう気持ちで打席に立っていた。受けた死球は数知れず。ついには球界の死球王になった。それをその時、仰木さんは「たくさんブツけて悪かったの」と詫《わ》びてくれたのだ。

その仰木さんが、いきなり僕に電話をかけてきた。

そして、その挨拶もそこそこに、こう切り出したのだ。

「お前、オリックス・バファローズに来てくれんか？」

「ちょっと待って下さいよ、仰木さん」

僕は動揺して、そう返答するのが精一杯だった。

青天の霹靂《へきれき》というのは、青空に雷が鳴るという意味だそうだけれど、仰木さんの誘いはまさに青天の霹靂だった。あまりに意外な誘いというだけでなく、その誘いは迷いの中にいた僕には、神様が与えてくれた救いのようにも聞こえたのだ。といって、わかりましたと、その救いに飛びつくわけにもいかなかった。だから、動揺した。

これが他の時期だったら、誘いを受けるにしろ、受けないにしろ、もっと冷静に話を聞くことができたと思う。そういう意味では、仰木さんはまたしても見事に僕の虚を突いたのだった。

僕はジャイアンツという球団に、身も心も引き裂かれていた。

２００５年の8月、まだシーズン中だというのに、僕はジャイアンツから事実上の解雇を言い渡された。

「キヨ、残り試合は若手で行くからもう出番はない。俺も辛《つら》いんだけどな」

堀内監督にそう告げられて、ロッカールームで荷物をまとめた。悔しくて、涙すら出なかった。

僕の去就をめぐる確執は、その1年前から続いていた。


巨人軍の選手になって8年、ジャイアンツと交わした4年契約の3年目が終わったところだった。球界再編に揺れた2004年のシーズンオフのことだ。オリックス・ブルーウェーブと近鉄バファローズが合併してオリックス・バファローズが誕生し、仰木さんはその新球団の監督に就任することになっていた。

僕のほうはと言えば、ジャイアンツとの契約がまだ1年残っているというのに、ある人から事実上の戦力外通告を受けていた。

「来季の巨人軍に、清原君の居場所はない」

ある人は、僕にそう言った。

ある人であって、球団の人ではない。

それが、読売巨人軍という球団の妙なところだ。

「西武の堤さんが君のことを心配していて、そんな扱いをするなら、清原君を西武に戻してくれと言ってきている」

そう言われたけれど、聞く気にはなれなかった。

僕が契約を結んだ相手は、あくまでも球団なのだ。

何の関係もない第三者でしかないその人が、なぜ僕とジャイアンツとの契約の話に口を出してくるのか。あなたは球団の人なのですかと、僕は聞いた。

その人は、「この話は私が巨人軍から預かっている」と言い張るだけだった。

僕はまず、そのことにカチンときた。

預かったとは、どういう意味だろう。巨人軍はその人に話を預けたかもしれないが、僕には預けた覚えなどこれっぽっちもないのだ。

4年契約なのに、3年でそれを切るのがどういうことか。一般の社会なら、明らかな契約違反だ。もちろん僕だってプロのスポーツ選手で、成績がすべてだということくらい理解している。そのシーズンの8月半ば、僕はデッドボールを受けて右指を骨折し、戦列から離れていた。打率は2割2分、ホームランは12本で止まっていた。筋道を通して両者で話し合い、お互いに契約を解消しようというならわかる。

けれど、そんな大切な話なら、僕をきちんと球団に呼びつけて球団の人がするべきじゃないか。こんな姑息《こそく》なやり方では、とても納得なんかできない。あなたといくら話しても意味はないと、僕は言った。そして、読売巨人軍の球団幹部に直接電話をした。

球団幹部の対応は終始逃げ腰だった。僕が球団の事務所に行きますと話すと、慌てふためいた声が返ってきた。

「それはまずい」

「どうしてまずいんですか」

「とにかく、まずいんだ」

「僕は球団に行きます」

「いや、ホテルで会おう」

押し問答が続いた。

僕は引かなかった。

球団としては、なんとかこの話を裏でまとめたかったのだろう。僕が球団に行けば話は公《おおやけ》になる。それでなくてもスポーツ新聞は連日、僕の進退問題を報じていた。球団と僕が直接話し合いを持ったということになれば、マスコミは蜂の巣をつついたような騒ぎになる。それが、〝まずい〟のだろう。

けれど、それはジャイアンツの都合だ。

僕にとって、それは裏でうやむやに決めてしまえるような、軽い問題ではまったくなかった。自分の野球人生が終盤に差しかかっていることは、嫌でも自分自身がいちばんよくわかっていた。〝引退〟という言葉は、いつも頭の片隅で明滅していた。

移籍するにせよ、ジャイアンツに残るにせよ、その決断は自分の現役生活の最後のけじめになるだろう。どういう形で終わりを迎えるにしても、その終わり方をそんな裏取引みたいなやり方で決めたくなかった。

僕は球団事務所に乗り込んだ。

来季の僕をどうするつもりなのか。戦力として残すのか、それとも放り出すのか。球団の意志を、球団の人の口からはっきりと聞かせてもらおうと思った。僕も興奮していたのだろう、その場で何と言ったのかよく憶《おぼ》えていない。何の結論も出なかったことは確かだ。要領を得ない答えが返ってくるだけだった。

その話は、すぐに広まった。マスコミは憶測を書き立てる。「移籍」とか「トレード」という言葉が新聞に大きく載った。球団からは、僕が球団事務所に押しかけたことを謝罪して欲しいと申し入れてきた。契約の当事者同士として、その内容に疑問があるときは直接話し合うのが筋だと思うのだけれど、その理屈は通らなかった。僕が押しかけたことによって、球団に恥をかかせたというのだ。一選手が球団に押しかけて直談判するなど、もってのほかというわけだ。だからと言って、僕をクビにするとは言わなかった。

ジャイアンツの意志は、その〝ある人〟を通じて伝えた。あとは、自分で決めろということなのだろう。

これが他の球団だったら、それほど迷いはしなかったかもしれない。そんな仕打ちを受けてまで、残留に固執する理由はなかった。

けれど、それは他の球団ではない。ジャイアンツなのだ。少年時代から憧《あこが》れ続けたチームだった。あの帽子をかぶり、あのユニフォームを着て、誰も見たことのない大きなホームランを打つ。それが、夢だった。

その夢は、半ばかない、半ばかなえることができなかった。

もちろん誰もが夢をかなえられるわけではない。

いや、人の人生において、少年時代の夢がかなえられることのほうがむしろ稀《まれ》なことくらい、この歳《とし》にもなればわかるのだ。

僕だって、夢をかなえたくて残留にこだわったわけではない。

ただ、その夢を汚したくなかった。

裏口から押し出されるようにして、すごすごとジャイアンツから逃げ出したくはなかった。胸を張って、正面玄関から堂々と出て行きたかった。やるべきことはすべてやったと納得して、あのユニフォームを脱ぎたかった。

けれどそれは、巨人軍では許されないことだった。

仰木さんは、執拗《しつよう》だった。

「とにかく、いっぺん考えてみてくれや」

お断りしようとすると、そう言って、僕に決定的な言葉を言わせなかった。そして、たびたび、僕のいる東京に足を運んで下さった。

「キヨ、わし東京に来たんや。ちょっと会えるか？」

「すいません、今日はどうしても時間が取れません」

「そうか。ほな、また時間があるときにな」

そう言い残して、大阪に帰るのだ。

そんなことは一言も口に出さなかったけれど、今から思えば、その時期すでに、仰木さんは病気との壮絶な戦いをしていたはずなのだ。それなのに、会えるかどうかもわからない僕のために、わざわざ関空から飛行機に乗って、何度も何度も上京された。

「キヨ、朝飯食ったか？」

「キヨ、昼飯食ったか？」

東京に来る用事があったから、ついでに電話をかけてみたという口調で、何回も電話がかかってきた。僕が電話に出られなかった日は、携帯電話の一日の履歴が仰木さんの番号で埋まっていたこともある。

僕のところだけでなく、仰木さんは僕の両親にまで会いに行かれていた。

自分の進路に迷ったとき、僕がいつも両親に相談してきたことを、仰木さんはよく知っていたのだ。両親が僕に、ああしろとかこうしろと言ったことはない。それはお前の問題なのだから、自分の信じる通りにしなさいと言われる。だから、それは相談というよりも、自分の気持ちを確かめるための儀式だったのかもしれない。それでも何かを決断するときに、両親に話をするのは僕にとっては、とても大切なことだったのだ。

仰木さんが大阪の岸和田にある僕の実家を訪ねられたとき、僕の両親は外出していて留守だった。仰木さんは、両親の帰りを半日も実家の前に立って待っておられたらしい。

実家の前は国道で交通量がかなりある。人通りも少なくない。そんな場所で、あの仰木監督が、土産《みやげ》の虎屋の紙袋を片手に提げて何時間もじっと立ち尽くしていたのだ。

「息子さんを、私に預けて下さい」

ただ、その一言を伝えるために。

仰木さんのどこまでも真剣な思いが、涙がこぼれるほど嬉《うれ》しかった。

けれど、自分の気持ちの整理がついていなかった。

どっちつかずの気持ちで、仰木さんに気を持たせたくはなかった。

仰木さんに直接お会いして、頭を下げてお断りするのが、仰木さんの真摯《しんし》さに対するせめてもの礼儀と思った。

今度は僕が、大阪へ行く番だった。

仰木さんは料亭の席を取って、僕を待っていて下さった。

ものすごく広い部屋の真ん中に、僕と仰木さんの席が用意されていた。仰木さんは、上機嫌で僕にビールを勧めてくれた。僕がなんのために大阪へ来たのか、きっとわかっていたのだと思う。

一杯のビールを干すと、仰木さんは「お土産や」と言って、大好きな森伊蔵のボトルを持ち出してきた。

「まあ、今日はとにかく飲もう」

最初から、仰木さんのペースだった。

僕はいつ謝りの言葉を言おうかと、機会をうかがっていたのだけれど、その隙《すき》を与えてくれなかった。

「あの、仰木さん……」

僕が切り出そうとすると、仰木さんは巧みに話を逸らす。

「うん？　そういえば、このあいだ奥さんに会ったわ。噂《うわさ》以上に、綺麗な人やなあ」

それで、しばらく世間話が続く。

ようやく話の切れ目を見つけて、僕がふたたび居住まいを正すと、

「あれ、氷が切れそうや」

そう言って、仲居さんを呼ぶ。

「実は今回の話なんですけど……」

僕が頭を下げようとすると、

「悪い。ちょっとトイレ行ってくるわ」

席を立ってしまう。

まるで、西武と近鉄に分かれて戦っていたときのようだ。

僕はすべてのタイミングを、ことごとく外された。

そして、最後の最後、僕が意を決して、何があろうと言うべきことを言ってしまおうと身を堅くすると、仰木さんはいきなり自分のあてていた座布団を外して、畳に額をこすりつけようとした。

「キヨ、頼む。わしに力を貸してくれ」

「そんなことやめて下さい」

慌てて、仰木さんの手を取るしかなかった。

それ以上、何か言ったら失礼になると思った。

仰木さんは僕の気持ちを知っているのだ。それでも、敢えて僕にこだわりたいのだと、その土下座で僕に伝えようとしていた。

「仰木さんの気持ちは、有り難く持って帰らせていただきます」

そう言って、頭を下げるのが精一杯だった。

昔と同じように、仰木さんはいつも僕より一枚上手だった。


その約1年前、2004年11月30日に僕は謝罪会見に臨んだ。

隣には、球団代表の清武さんが座っていた。ジャイアンツの選手として来年も戦うことをそこで誓い、そして球団に迷惑をかけたことを詫びた。

「泥水を飲む覚悟で戦う」と言ったのは、正直な僕の気持ちだった。泥水を飲む気持ちでなければ、口にできる言葉ではなかった。球団事務所に押しかけて直談判したことを、僕は少しも悔いてないし、自分の非とも思っていなかった。謝罪するということは、それを自分の非と認めるということだった。

他の人のことはわからない。けれど、僕はそれまで、いつも自分の気持ちに正直に生きてきた。自分の気持ちを曲げたことは一度もない。目の前にどんな障害物があろうと、真っ直ぐに歩いてきた。何度も顔や頭をぶつけたけれど、横に回ったり、後戻りしたりするくらいなら、怪我したほうがましやと思って生きてきた。子供っぽいと言われようとも、それが自分の生き方だった。

あの場面で謝罪するということは、その生き方を曲げるということだった。

俺はただ真っ直ぐに歩きたいだけなんや。それを、なんでこの人たちは寄ってたかってねじ曲げさせようとするんやろ。高校時代のドラフトからずっとそうやった。

悔しかった。

悔しくて悔しくて、この悔しさを自分のカラダに刻みつけておきたかった。

どんな悔しさも、人はいつか忘れてしまう。その忘れることさえ、悔しくてたまらなかったのだ。だから自分のカラダに傷をつけて、入れ墨でも入れて、いつもそれを見るたびに悔しさを思い出したかった。だけど、その話を母にしたら、泣かれた。それで、入れ墨のかわりに、耳に穴をあけてピアスをした。

みんな唖然《あぜん》としていたから「バリー・ボンズにあやかって」なんて冗談を言ったが、本当はあのダイヤのピアスは僕の悔しさの結晶だった。

生き方を曲げてでも、ジャイアンツに残って、最後まで戦い抜こうと思った。

誰から何と言われようが、未練と言われようが、ジャイアンツにしがみついて、自分で自分の夢に決着をつけようと思った。

そこまでしても、ジャイアンツに対する意地を貫く覚悟だった。にもかかわらず、その翌年、2005年には解雇という結果に終わったのだ。自分がこの先どうすべきかが、まったくわからなくなっていた。


僕の気持ちを、仰木さんは理解していた。

理解しては下さったけれど、諦《あきら》めもしなかった。

「仰木さん、ひとつだけ聞いてもいいですか？」

何回目かにお会いしたとき、僕は思い切って仰木さんに質問した。

「こんなこと言ったら、思い上がりに聞こえるかもわかりませんけど、僕に高い年俸を払うんやったら、その予算でいい外国人選手が獲《と》れるじゃないですか」

早い話が、2億円も使えば、確実に何勝かは見込める外国人ピッチャーを獲得できるのだ。それでなくても、僕は膝《ひざ》に爆弾を抱えている。自分で言うのは悔しいが、監督の立場から考えれば、僕より確実に優勝に貢献できる選手は他にいくらでも探せるはずだった。

「僕みたいな選手は、使い方ひとつ間違えたら毒にもなります。新しい球団で、若い選手を萎縮《いしゅく》させてしまうかもしれへん。腐ったミカンがひとつあったら、他のミカンはみんな腐るって言うやないですか。僕は腐ったミカンになるかもしれませんよ。なぜ、そんなに僕が必要なんですか」

本心からそう言った。

自信を失っていたわけではない。

怪我の回復も順調だったし、調子が上がっているのは自分でもわかっていた。泥水を飲む覚悟をしたのは、絶対にジャイアンツ首脳陣を見返してやるという密かな自信があったからでもある。けれど、自分のそういう気持ちを横に置いて、現時点での清原和博という選手を客観的に見れば、「使い方を間違えば毒にもなる」というのもまた事実だった。

そういうことを敢えて仰木さんに言ったのは、「そんなことない」という否定の言葉が欲しかったのかもしれない。僕は弱い人間だ。「お前なら、きっとやってくれると信じている」という、仰木さんの言葉を心のどこかで期待していたのだ。

ところが仰木さんは、そういう僕の甘ったれた思いとは、まったく別のことを言った。

「キヨ、お前の悔しさはわかってる。巨人に対する気持ちも、ようわかる。だけど、お前はそんな風にして自分の野球人生に幕を引いたら駄目だ。お前は大阪で育った人間や。大阪に育てられた人間は、最後は大阪に恩返ししないといけない。大阪へ帰ってこい。お前の最後の花道はわしが作ってやる」

仰木さんは僕の膝の状態さえ、一度も聞かなかった。

「ジャイアンツに負けて、尻尾《しっぽ》を丸めて逃げ出すんやない。お前なら、今の大阪を元気にできる。お前が自分の野球人生をまっとうするために、最後の力を振り絞って戦ってる姿を見たら、大阪だけやない、関西の人間はみんな元気になる。生まれ故郷の関西に恩返しするために、大阪へ帰ってこい。ウチがどうしても嫌というなら、阪神でもいいんや」

頭を引っぱたかれた気がした。

仰木さんは確かに、阪神でもいいやないかと言った。自分のチームというより、僕のことを考えて、そこまで熱心に誘ってくれていたのだ。

「でも、なんで僕なんですか?」

一度も同じチームになったこともない僕のことを、仰木さんはどうしてそこまで考えてくれるのか。それが、知りたかった。

その時の仰木さんの返事を思い出すと、今も胸が熱くなる。

仰木さんはこう言ったのだ。

「お前の男気に惚《ほ》れたんや」

第1章

岸和田

僕は大阪の岸和田で生まれた。

誕生日は1967年の8月18日、体重は4200グラム。

生まれたときから、カラダだけは大きかった。

母に言わせれば、夏の暑さのせいだ。

姉がお腹《なか》にいたときは、木綿の腹帯をきつく巻いていた。お前のときは、暑くてかなわんかったから、ゴム入りの緩い腹帯で済ませた。それで、そんなにすくすくと育ってしまったのだというわけだ。

父には、また別の意見があるらしい。父もあの世代にしては、身長が低いほうではないけれど、父の母方の祖父が、とにかくカラダの大きな人だったらしい。その遺伝だろうと父は言う。祖母は奈良の吉野の出身なのだが、あのあたりには、大昔から鬼の里があったという伝説もある。昔から、大きな人が住んでいたのかもしれない。

同じ年頃の友達が集まれば、いつも僕が頭ひとつ分くらい大きかった。子供は単純で動物みたいなところがあるから、カラダが大きくて力が強い僕は、自然にガキ大将のような存在になった。近所の友達を何人も引き連れて、朝から夕方暗くなるまで、毎日泥だらけになって遊び暮らしていた。実家の周辺には、藪《やぶ》や池があちこちにあって、遊び場には困らなかった。木に登って蟬《せみ》をつかまえたり、トンボを追いかけたり、池でザリガニを釣ったりしているうちに、一日はあっという間に過ぎる。自慢じゃないが、朝着ていった服を、泥だらけにする前に家に帰ったことは一度もない。

何が苦手といって、じっとしていることほど苦手なことはなかった。小学校に入ってからも、じっと椅子《いす》に座っているだけで、腹の虫が黙っていられなくなる。隣の席の女の子にちょっかいを出したり、前の席の友達に消しゴムをぶつけたり。しまいには先生に怒られて、廊下に立たされるのが日課みたいなものだった。

先生に立たされたら、普通はショックかもしれないけれど、僕はむしろ嬉しかった。席を離れられるだけでほっとする。椅子に縛り付けられて身動きできないよりも、立っているほうがずっと楽だった。もちろん、ただ立っているわけではない。そこでまた悪戯《いたずら》をして怒られる。叱られたら、一応は落ち込むのだが、それに懲りたことはない。しょんぼりとうつむいた目の隅で、何か面白い遊びを探しているような子供だった。

「和博は、したらあかんと言うたことを、必ずやってしまう子やから」

母親には、よくそう言われていた。

僕の右手の甲には、火傷《やけど》の跡がある。家にお客さんがあって、母が紅茶をいれた。熱湯を注いだカップの縁で、ティーバッグの紐《ひも》がゆらゆら揺れていた。僕はじっとそれを見つめていた。母は何か不穏な気配を感じたに違いない。

「それ、引っ張ったらあかんで」

その言葉が終わらないうちに、僕はそのティーバッグの紐を指で引っぱっていたのだそうだ。そうだ、というのは、当時の僕は3歳で、自分の記憶にはないからだ。その話は、何度も母から聞かされた。

自分でも憶えているのは、交通事故だ。

僕は小学1年生だった。

「道路に飛び出したらあかん」

どこの親でも言うことだろう。僕の場合はそう言われると、無性にそれをやってみたくなる。駄目と言われたことをすると何が起きるのか、確かめずにはいられなくなるのだ。

　学校からの帰り道だった。そのやってはいけないと言われていたことをやって、見事にクルマにはじき飛ばされた。ガードレールを越えて、落ちた先が道端の草むらだったのが不幸中の幸いというやつだった。クルマの運転手が、そのまま走り去ったのか、それとも何か声をかけてくれたのかは、よく憶えていない。とにかく僕は、顔をすりむいて血だらけになって、大声で泣きながら自分で家に帰った。

「まるで、鬼瓦《おにがわら》みたいな顔して、和博が帰ってきたときにはびっくりしたわ」

　母は今も笑い話のように、その話をしてくれる。もちろんその時は、笑い話どころではなかったはずだ。心臓も凍るような思いをしたに違いない。

　母は僕に対する戦略を変えた。

　何でも信じやすい僕に、暗示をかけたのだ。

　小学校の休み時間、遊びに夢中になり、授業が始まっても校庭で遊んでいて、先生に大目玉を喰らったことがある。家に帰ると、母親がモノサシを片手に仁王立ちになって待っていた。僕の折檻《せっかん》専用になったモノサシだ。悪いことをすると、容赦なくその長いモノサシでお尻を叩かれるのだ。

「今日、休み時間が終わっても、教室に戻らんと、校庭で遊んでたやろ?」

僕はびっくりした。どうして、お母さんが学校であったことを知っているのだろう。頭の中がクエスチョンマークでいっぱいになった。

そんな僕の顔を見つめて、母がこう言った。

僕が何を考えているかまで、わかってしまうらしい。

「お母さんは、お前のことならどんなに離れていても、何でも見えるんやからね」

心底驚いた。

母の顔がなんだか謎《なぞ》めいて見えた。

お母さんは、超能力が使えるんや。

かなり成長するまで、そう信じていた。正直に告白すれば、高校生になるくらいまで信じていた。

種を明かせば、何でもないことだ。僕が通っていた小学校は、実家のすぐ裏にある。校内放送が、よく聞こえるのだ。

「校庭で遊んでいる人、授業時間が始まっています。すぐに教室に戻りなさい」

その放送を聞いて、母はすぐに僕のことだと直感でわかったらしい。そういうことで怒られるのはたいがい僕と決まっていたから、直感も何も必要なかったのだが。

僕のクラスで、授業中にお漏らしする子が増えたことがある。その原因が僕にあるということも、母は知っていた。

小学校にも慣れてきて、僕はどうしても椅子に座っているのが耐えられなくなったときに、教室から逃げ出す裏技を発見した。

授業中に手を挙げて「先生、トイレに行きたいです」と言えばいい。

そうやって教室から抜け出しては、学校中を探検していた。体育館だの音楽室だの、小学校には物珍しい場所がたくさんあったのだ。

ひとりでこっそり探検していれば良かったのかもしれないが、面白い遊びを見つけて友達に黙っていられるわけがない。そのうち、僕が授業中に手を挙げて「先生、トイレに行きたいです」と言うと、友達がみんな真似して手を挙げるようになった。

「僕も」

「僕も」

友達を5人も6人も引き連れて教室を出て、授業が終わるまで帰ってこない。そういうことが何回かあって、担任の先生の堪忍袋《かんにんぶくろ》の緒が切れて、ついに授業中は誰もトイレに行ってはいけないということになった。

「それで、本当にトイレに行きたい子が、トイレに行けなくなって、お漏らしするようになったんやないの」

母はまるで、教室の様子をずっと見ていたような口ぶりだった。

「なんでそんなこと知ってるん？」

僕が思わずそう言うと、母はまたもやあの謎めいた顔をした。

「言うたやろ、見えてるって」

もちろん母が知っていたのは、担任の先生に呼び出され、「困ってるんです」と怒られたからだった。

そんなことは知るよしもない僕は、ますます母への畏怖の念を強めたのだった。

「ほれ見てみい」というのが、母の口癖だ。

「ほれ見てみい、言うた通りになったやろ？」

何遍もそう言われた。そしてその通り、何でも母の言った通りになった。

お母さんの言うことは間違いない、お母さんの言うことだけは聞いたほうが、自分のためやと思うようになった。

だからと言って、やんちゃが止《や》むことはなかったし、落ち着いて授業を聞くようになったわけでもない。母親が絶対に駄目だと言ったことだけは守ったけれど、悪戯の種などというものは、いくらでも湧《わ》いてくるものなのだ。そして授業に集中できないことについては、母は何も言わなかった。

「和博が何分間ぐらい集中して授業を聞いてるか、今度見ておいてもらえませんか？」

小学校の担任の先生に、母はそんなことを聞いていたらしい。

「せいぜい最初の15分から20分というとこですな。あとは、後ろの子と喋《しゃべ》ったり、誰かにちょっかい出したり……」

15分も集中していられるなら上出来や、と母は思ったそうだ。それだけの集中力があれば、なんとか生きていけるだろうと。母の発想も普通とはちょっと違っている。

僕がじっとしていられないのは、自分のエネルギーを持てあましていたからだ。

幼い子供ほど、嬉しそうに走る生き物はいない。何がおかしいのか、キャッキャッと全身で笑いながら走る。走っているだけで、楽しくてたまらないのだ。あの気持ちがよくわかる。自分の中から湧いてくるエネルギーを、カラダを動かして爆発させる。それは、他のどんなこととも引き替えにできない、ものすごく大きな喜びだ。

このエネルギーの量は、普通は成長するにつれて減っていく。おかげで、小学生も、2年生3年生になれば、だんだん大人しく机に向かっていられるようになる。僕の場合は、きっと他の子たちよりもちょっとばかりエネルギーの量が多過ぎたのだ。そういうエネルギーは、抑えられるものではないし、たとえ抑えてもロクなことにはならないということを、母は直感的に知っていたのだろうと思う。

まあそういうわけで、両親の言うことは聞きはするものの、自分の興味のあることは何でもやりたい放題、野獣の子のような小学生だった。低学年だったからまだ良かったが、あのまま成長していたら、どんな悪ガキになっていたか知れたものではない。

そうならずに済んだのは、一枚のポスターのおかげだ。

「岸和田リトルリーグ　団員募集」

町内で見かけたポスターには、そんなことが書いてあった。

僕は小学3年生。

武者震いがした。

人生初の武者震いだった。

武者震いはその後何回したかわからないが、あの時がいちばん強烈だった。なんだか途轍《とてつ》もない大人の世界に飛び込む気分だった。

リトルリーグに入っているのは、5年生や6年生の上級生だった。お揃いのユニフォームを着て、何人かで連れ立って町中を歩いている姿を何度も見たことがある。阪神タイガースばりの縦縞《たてじま》のユニフォームが眩《まぶ》しかったけれど、小学校3年生にとって5年生や6年生は大人みたいなものだ。自分がその中に交じっている姿なんて想像もつかなかった。

その夢の扉が、いきなり目の前に開いたのだ。

募集といっても、誰でもリトルリーグに入れるわけではない。入団テストがあって、合格しなければ入れてもらえなかった。

それも、武者震いの理由のひとつだった。蟬やトンボを追いかけて呑気《のんき》に遊んで暮らしていた自分の前に、〝大人〟の世界の大きな壁が立ちはだかったのだ。

野球そのものというより、まずそういうところに惹《ひ》きつけられた。小学校では体育の授業でソフトボールもやったし、友達と野原で野球遊びをしたこともある。あの時代のごく普通の小学3年生なみに、野球というスポーツに親しんではいた。けれど、それは虫捕りや魚釣りと同じ、たくさんの遊びの中のひとつでしかなかった。

それが、その日から、まったく特別のものになったのだ。

「お父さん、リトルリーグに入りたいんやけど」

家に帰って、お父さんにそう言うだけでもドキドキした。「あかん」の一言で、夢が終わってしまうかもしれないのだ。僕にとっては正念場だった。

父は僕の顔をじっと見つめた。

時計の針が進むカチコチという音だけが部屋に響く。

僕は息を詰めた。

「うん。やってええよ」

それから、ひとつだけ条件を足した。

「そのかわり、今よりも学校の成績が落ちたら、すぐにやめやからな」

「わかった。僕、学校の勉強もがんばる」

天にも昇るような気持ちとは、こういうものかと思った。プロのユニフォームを着たときよりも、興奮していたかもしれない。


入団テストに連れて行ってくれたのは祖父だった。

僕の父はどちらかと言えば運動が苦手なタイプで、野球はもっぱら観《み》る専門、仕事が忙しかったせいもあるのだろうが、キャッチボールをしてもらった記憶もない。

ところが祖父は若い頃、100メートルを12秒台で走ったそうだ。

当時としてはかなりの記録だったはずだ。和博の運動神経は隔世遺伝や、おじいちゃん譲りやな、と父はよく言っていた。

祖父の家は岸和田の町中から5キロほどの山直中町《やまだいなかまち》にあって、祖母と2人で暮らしていたのだが、昼間は父の仕事の手伝いで岸和田の家に通っていた。

父は清原電気商会という店を構えて、電気施設工事の仕事をしていた。昼間は外の現場で作業していて店にはいられない。祖父はその間の店番を兼ねて、僕ら3人兄弟の子守をしてくれていた。働き盛りの父のかわりに遊んでくれるのは祖父だから、僕は完全なおじいちゃん子だった。

この祖父が、仰木さんにも負けない無類の酒好きで、朝から平気で湯飲みで酒を飲むような人だった。いつも夕方5時には仕事を切り上げて、テレビの前で晩酌を始める。NHKで大相撲を観て、巨人戦が始まる頃にはかなり出来上がっている。僕の席は、大胡座《おおあぐら》をかいた祖父の脚の間と決まっていた。巨人が勝ってさえいれば祖父は上機嫌だった。酒をぐいぐい飲んでは、タバコを吸う。

僕の頭にタバコの煙を盛大に吹きかけながら、

「和博、日本一の男になれ。日本一の男になるんやぞ」

と、言うのが口癖だった。だいたいそういうときテレビの画面では、ホームランを打ってダイヤモンドを一周した王選手が、ベンチ前で巨人軍の仲間たちから祝福を受けていた。

試合を観て面白いと思えるような年頃でもなかったから、僕の関心の大半は、祖父の晩酌のつまみにあったのだけれど、それでも祖父の言葉は、タバコの煙と一緒に僕の頭に染み込んでいた。「大阪で一番になっても、しょせん大阪の一番。東京で一番になったら日本の一番や」と祖父はよく言っていた。僕にとっての日本一は、まず誰よりも東京の巨人軍で大活躍をしている王選手なのだった。

東京の人は、大阪人の祖父が巨人ファンなんて珍しいと思うかもしれない。けれど、大阪人のすべてが阪神ファンというわけではない。確かに、大阪での阪神人気はたいしたもので、テレビもラジオも新聞も、阪神戦一色に塗りつぶされている。阪神が優勝でもしようものなら、ご存じのように大阪の街は大変な騒ぎになる。それは事実だが、阪神ではなく巨人のファンだという大阪人が意外と多いのも、また紛《まぎ》れもない事実だ。大阪人の4割は、巨人ファンだと言う人もいるくらいだ。その数字がどこまで正しいかはともかく、少なくとも僕の家では6割を超えていた。つまり、祖父と母が巨人ファンで、阪神ファンは父ひとりだけだったのだ。

そういうわけで王選手は僕が物心つく頃からのヒーローだったのだけれど、それは特別な話でも何でもない。その頃の日本中の家庭で、同じような光景が無数に繰り返されていたに違いない。王選手は当時の日本中の子供の憧れだった。

それが単なる憧れから、もうちょっと別の何かに変わったのが、その岸和田リトルリーグの入団テストだった。

リトルリーグのグラウンドは、岸和田の埋め立て地帯にあって、実家から自転車で30分の道のりだった。当時の僕の感覚からすれば、地の果てだった。

1976年5月のある晴れた日曜日、祖父の自転車の荷台に乗って、僕はその地の果てへと自分の運試しに出かけた。

そして、人生で最初のファンを獲得した。

つまり僕の祖父、清原浅治郎だ。


「そらもう、監督さんが目の色変えてたで。和博の足が速いのはわかっとったけど、あれほどとはなあ。4年生でも5年生でも、ぜんぜん相手にならへんかったわ。それで、あの大遠投や。和博がボール投げたら、グラウンドがしーんと静まり返りよった。ほんまにお前にも見せてやりたかったなあ」

入団テストが終わって家に戻った祖父は、母と父を捕まえては、何遍も同じ話を繰り返した。よほど嬉しかったのだろう。そういう祖父がいてくれたから、その後の僕があったのだと今もよく思う。

入団テストは、50メートル走と遠投だった。

50メートル走のタイムは忘れてしまったけれど、祖父が言ったように、テストを受けに来ていた4年生にも5年生にも負けない最高記録を出した。

そして、遠投。初めて触る硬球だった。ソフトボールよりずっと小さいけれど、そのかわりとんでもなく硬い。こんなのが当たったら、すごく痛いだろうなと思った。40メートル先にラインが引かれていて、それを超えれば合格ということになっていた。最高記録は54メートル。巻き尺を持った人がそのあたりに立っていた。やけに遠くに見えた。

人に負けるのは嫌いだ。なんとかあそこまで投げたかったけれど、ボールの投げ方なんて習ったことはない。全身の力を込めて、がむしゃらに投げた。

巻き尺の人が、口をポカンとあけて上を見ていた。

僕の投げた硬球は、その人の頭の遥《はる》か上を超えていった。巻き尺を片手に、慌てて走り出す。巻き尺はどんどん伸びていった。

「70メートルッ！」

見物席からどよめきが上がった。

おじいちゃんが、顔をくしゃくしゃにして喜んでいた。

祖父の誇らしげな顔を見ていたら、僕の心の中に何か不思議な感情が湧いてきた。

今にして思えば、それは後にスタンドを埋め尽くした何万というお客さんの声援を受けたときに心に湧いた、あの言葉にはできない感情と同じものだった。

だからあの日は、僕のもうひとつの誕生日のようなものだ。小学3年生のあの日、僕は自分が何をするためにこの世に生まれてきたかを悟ったのだ。

……まあ、これはちょっと大袈裟過ぎる言い方かもしれない。なにしろ、僕はまだ野球がどんなものかもよく知らなかったのだから。ただ、上手《うま》く言葉にするのが難しいのだけれど、僕はあの時、それまで経験したことのない種類の喜びを味わった。カラダを動かすことの純粋な喜びに加えてもうひとつ、それが他の人をこんなに驚かせるということに気づいたのだ。人を感動させる喜びを知ったとでも言えばいいだろうか。野球が何かもよく知らないくせに、自分が野球をする意味を僕はあの最初のときに知ったというわけだ。

リトルリーグからの合格通知が届いたのは、1週間後のことだった。父がグローブを買ってくれた。生まれて初めて手にした自分のグローブだ。

青いグローブだった。新しい革の匂いが、プンと鼻をついた。

あれからいくつ新品のグローブを手にしたか数えたことはないけれど、やっぱりあの青いグローブを買ってもらったときがいちばん嬉しかった。あの匂いは今も忘れない。

その日から、野球漬けの日々が始まった。岸和田リトルリーグの休みは月曜だけ、土日はもちろん火曜日から金曜日まで、放課後は毎日暗くなるまで練習だった。グラウンドまで自転車で片道30分の道のりは、小学3年生には遠い。だからかなり長い間、祖父の自転車で送ってもらっていた。

3年生がボールやバットに触ることができるのはキャッチボールとか素振りのときくらいのものだけれど、それだけでも面白くて仕方なかった。

虫捕りにしてもザリガニ釣りにしても、今までの遊びは何でも自己流でやっていた。思いつくまま、気の向くままに遊んでいた。野球はそういう遊びとは、まるで違うものだった。ボールの投げ方にもバットの振り方にも、理論や理屈があった。そういうものをちょっと教えてもらうだけで、自分が見違えるほど上達するのがわかった。

バッティング練習をさせてもらえるようになった頃から、練習が休みの日には、祖父の家の近くにあった河原に通うようになった。ビニールテープを巻いた角材をバットがわりにして、河原の石ころを打つのだ。前の週にどこまで石が飛んだかを憶えておいて、その目印よりも遠くへ石が飛ぶまで打ち続けた。真っ青な空に小さな点のようになった石が飛んで、やがて消えていくのを見るのが好きだった。思えばあの頃から、球をいかに遠くへ飛ばすかということばかり考えていたような気がする。

岸和田リトルリーグの監督に、栄川《えがわ》良秀さんが就任したのは4年生のときだった。栄川さんは、高校を卒業したばかりだった。あの当時はすごい大人だと思っていたけれど、考えてみれば20歳にもなっていなかった。

栄川さんはその数ヶ月前まで甲子園を目指していたバリバリの高校球児で、練習は鬼のように厳しかった。週1回の休みもなくなった。正月元日を除いて、1年364日が練習日になった。練習に身が入っていないと、ビンタやケツバットが容赦なく飛んだ。毎日の練習時間はどんどん延びて、グラウンドを後にするのが夜の9時過ぎになることも珍しくなかった。グラウンドとは言っても、要するに埋め立て地の野原だ。ナイター設備なんてものはもちろんあるわけがない。父兄のクルマのヘッドライトで照らしてもらいながらの練習だった。スポーツ科学が世の中に広まる前の話だから、練習中は水も飲ませてもらえなかった。練習中に脱水症状を起こし、病院に担ぎ込まれて点滴を受けたこともある。点滴を受けたら元気になったから、またグラウンドに戻って練習していた。家に帰っても、親にそのことを言わなかった。

今では信じられないような話かもしれない。

よく続いたものだと自分でも思う。

いや、実を言えば、一度だけ弱音を吐いたことがある。学校の友達が放課後にみんなで遊びに出かけるのが羨《うらや》ましくて仕方なかった。土日はいつも練習だから、リトルリーグに入ってからは、休日に家族とどこかへ出かけることもなくなった。練習が辛いというだけでなく、そういうことに耐えられなくなってしまった。

それで、リトルリーグに入るときに父と交わした約束を思い出した。

「お父さん、このままやと学校の成績が下がりそうなんや。約束やもんな。僕、野球やめなあかんな」

辛いからやめるとは、意地でも言えなかった。父との約束を、逆手に取ったつもりだった。けれど、もちろん父は僕の気持ちを見抜いていた。

「そうかあ。約束は約束やもんな。そやけど、お前は今まで本当に一所懸命に練習してきたな。お父さんもお母さんも、それは感心してるんや。その熱心さに免じて、お父さんは一回だけ約束に目をつぶるわ。あと1学期だけ待ってやるから、その間に勉強もっと頑張って、成績を挽回したらいいよ」

そう言われてしまったら、もう返す言葉はひとつしかない。

「わかった、ありがとう」

空元気《から》を出して、嬉しそうな顔をするしかなかった。

父親としては、一度始めたことを途中で放り出すような真似を息子にさせたくなかったのだろう。そう言われたわけではないけれど、子供ながらに、父が何を言いたいかはよくわかった。言葉に出して言われなかった分だけ、逆に自分でも恥ずかしくなった。

野球をやめたいと言ったのは、後にも先にもその一回だけだった。

リトルリーグには規定があって、試合に出られるのは4年生の2学期からと決まっていた。その4年生の9月に、レギュラーに選ばれた。ポジションはピッチャー。6年生と5年生に交じって、4年生は僕一人だった。

栄川監督には、野球の基礎を嫌というほど叩き込まれた。

ピッチングは、ひたすら速球を投げさせられた。小学生だから当然とも言えるが、それは徹底したものだった。チームを勝たせるために、自分のプライベートな時間もすべて犠牲に指導されていた人だ。勝つことだけを考えるなら、変化球を教えるという選択肢もあったはずだ。けれど、この段階で小手先の変化球など覚えたら、将来に響くと言って絶対にそれをしなかった。

バッティングも、同じことだった。1時間も2時間も素振りをして、それからティーバッティングと、トスバッティングを延々と繰り返す。実際のバッティングでは、基本のセンター返ししかさせてもらえなかった。

5年生になる頃には、かなり飛距離のあるホームランを打つようになっていた。ただのホームランではない。球場にいる全員を驚かせるようなホームランを打つのが、僕の密かな自信だった。大きく飛ばそうと思えば、どうしても引っ張るから、ボールはレフト方向に飛ぶ。けれど、レフト方向に飛んだホームランはどんなに大きくても、栄川監督には褒めてもらえなかった。

「バットは内側から外側へ出すんや。そんな打ち方では、大振りになるだけや」

観客席では父兄が大喜びしているというのに、ベンチでは監督に怒鳴られる。

(ホームラン打って怒られたら、野球なんてやってられへん)

正直言って腹を立てたこともあったけれど、もちろんそれも僕の将来を考えてのことだった。栄川さんがあの時代に根っこをしっかり育ててくれたから、枝や葉を大きく伸ばすことができたのだと思っている。そのためなら、栄川さんは自分が子供から嫌われることなど何とも思わなかった。そういう大人が、昔はもっとたくさんいた気がする。

もうひとり忘れられない人がいる。

及川宣士《のぶじ》さんだ。

及川さんはその何年か前まで大洋ホエールズのピッチャーだった人だ。その元プロ野球選手に、僕は小学5年生の2学期からピッチングのコーチを受けるようになった。栄川さんが僕の投手としての才能を開花させるために、特別指導を頼んでくれたのだ。

及川さんの指導もやはり徹底的に基礎に重点を置いていた。下半身を鍛えるために、毎日うんざりするほど走らされた。放課後の練習時間の大半が、そもそもランニングやダッシュで占められているというのに、それとはまた別に毎朝10キロのランニングを命じられた。柔軟で強靭《きょうじん》な下半身がなければ、どんなに技術を身につけたところで、ピッチャーとしてもバッターとしても大成しないというのが及川さんの持論だった。

練習が終わると、及川さんは僕の筋肉をマッサージしながら、技術よりもむしろ野球選手としての心構えを話してくれた。

試合の勝敗よりも重要なことがあることを教えてくれたのも、怪我が野球選手にとってどれだけマイナスかを教えてくれたのも、及川さんだった。怪我を防ぐには、まず何よりもカラダを鍛えなければならない。怪我をするのは、足腰を鍛えていないからだということを知ってからは、毎日のランニングにも身を入れるようになった。

野球の道具を何よりも大切に扱うようになったのも、枕元にバットを置いて寝るようになったのも、この頃からの習慣だ。バッティングのことばかり考えていると、バットを振っている夢を見るようになる。バッティングのアイデアを思いつくのも、たいていそういうときだ。「バットはこう振ればいいんだ!」と、夢の中で思いついて夜中に目覚めたときに枕元にバットがあれば、バットを振ってそれを確かめられる。それをやらないと、せっかくいいアイデアが浮かんでも、翌朝には忘れてしまう。及川さんは、そういうことも教えてくれた。

野球人生においていちばん大切なことを、僕は栄川さんと及川さんから、岸和田のあの埋め立て地のグラウンドで学んだ。野球を始めたばかりのあの時期に、栄川さんと及川さんという2人の優れた指導者と出会ったことが僕の幸運だった。

小学生の頃だって、もちろん辛いことや苦しいことはたくさんあった。

人生最初のスランプに悩んだこともある。

スランプなんて言葉は、小学生には少々オーバーな気もするけれど……。

5年生のときだ。僕はピッチャーで4番だった。それが、ある日突然打てなくなった。昨日までと同じように振っているはずなのに、バットの芯にボールが当たらない。焦れば焦るほど、凡打と三振が続いた。そしてバットをどう振ればいいかもわからなくなった。今までのヒットやホームランは、たまたまだったんじゃないか。才能なんて自分には元々なかったんじゃないか。自信を失い、練習に行くのも嫌になった。だから、やっぱりあれは僕の最初のスランプだったのだと思う。

そのスランプから抜け出す道を教えてくれたのは栄川さんだった。チームの練習が終わった後、栄川さんは僕一人を残し、延々とトスバッティングをさせた。小学生とはいえピッチャーが全力で投げ込むボールは、時速120キロを超えているはずだ。栄川さんが放るボールはふわりと空中に浮く。速度は限りなくゼロに近い。それでも、上手く当たらなかった。なぜ当たらないのか、なぜ打てないのか。来る日も来る日も、泣きながら、バットを振り続けた。指を折って数えれば10日間ほどのことだったのだけれど、何ヶ月も、何年もそういう状態が続いたような気がする。

ボールをよく見て打てと言うけれど、僕の感覚では、それは目で〝見る〟というのとは微妙に違う。ボールを実際に〝見て〟、それからスイングしたのではとても間に合わない。ボールがそこに到達したときに、バットがそこに出ていなければジャストミートは生まれないのだ。つまり、バットを振り始めたときには、どこにボールが来るかを〝知って〟いなければならない。それはゼロコンマ何秒という極めて近い未来だけれど、未来を〝見る〟ということにかわりはない。目ではなく、カラダ全体で感覚的にボールの位置を把握できて初めて、そんな離れ業《わざ》が可能になる。あのトスバッティングで、僕はその感覚を摑《つか》んだのだ。

スランプを脱した僕は、以前よりも確実にボールの芯を捉《とら》えることができるようになっていた。それまでは本能でボールを打っていたのが、練習で鍛えたその感覚で打つようになって、僕のバッティングのレベルが一段階上がったというわけだ。

それはもちろん大きな収穫だったけれど、それよりもっと重要なことを、僕はその時の体験から得ていた。練習の価値を、思い知らされたのだ。

それがつまり僕が2人から学んだ、野球人生においていちばん大切なことだった。人に与えられた時間は、1日24時間しかない。それは誰だって同じなわけで、その24時間でどれだけ自分を成長させられるかが勝負なのだ。ならば、自分は1日24時間のすべてを野球に打ち込めばいいと思った。そして、寝ても覚めても野球のことだけを考えるようになった。僕以上に、野球に打ち込んでいる人間はいない。だから僕は、誰にも負けない。そう信じることができたのだ。

その頃から、あまりプロ野球の試合も観なくなった。

練習が忙しかったということもあるが、それよりもテレビで試合を観戦したいという気持ちそのものがなくなっていた。

もちろん時々は、父や祖父と一緒に観ていた。けれど、父や祖父と同じようには観ていなかったと思う。自分が応援するチームの勝敗に一喜一憂し、贔屓《ひいき》の選手の活躍に興奮してこそ野球中継は面白い。僕はどうしてもそういう風には、試合を観られなかった。

田淵幸一さんが阪神で大活躍していた時代だった。田淵さんのホームランに、阪神ファンの父が手を叩いて喜んでいる横で、僕はどうすればあんな大きなホームランを打てるのかと考えていた。どのチームの試合を観てもそうだった。野球雑誌に王選手のバッティングの分解写真が掲載されれば、切り抜いて部屋に貼った。眺めるためではない。(王選手は左利きだから)鏡に映して、そのフォームを真似して自分のものにしようとした。

そういう意味で言えば、僕は巨人ファンですらなかった。ジャイアンツは応援する対象ではなく、僕がいつかそこで活躍するチームだった。

奇妙な言い方かもしれないけれど、僕はその頃から、自分がいつかプロ野球選手になることを〝知って〟いたのだ。

小学校の高学年になる頃には、はっきりそう意識していた。

この感じを、上手く説明するのは難しい。

誰に言われたわけでもないし、自分でそのことを誰かに話したこともない。

未来が見えたわけでも、そう信じたというのでもない。

野球選手になることは、僕にとって、小学校を卒業したら誰もが中学生になるというのと同じくらい確実なことだった。自分の能力が周りの友達に比べて桁外《けたはず》れだということは自分でも感じていた。栄川さんは小学生のこの頃から、僕に高校野球やプロ野球レベルの練習をさせていた。僕はそれを苦もなくこなしていたのだ。

だから僕の問題は、選手になれるかどうかではなく、どんな選手になるかだった。まだ何者でもない、ただの小学生がそんなことを考えていた。考えるというより、妄想だろうと言われても仕方がない。

しかし、妄想などではないと僕は思っている。小学生がそんなことを考えられたのは、練習の価値を知っていたからだ。練習こそが、見えない未来を切り開く唯一の鍵だということを僕は知っていた。僕にだって、未来なんて見えやしないのだ。けれど、その見えない世界の高みへと続く階段が、僕の目にははっきりと見えていた。

その練習という階段の先に立っているのが、王貞治という偉大な打者だった。

僕がリトルリーグのレギュラーになった頃、つまり1977年の9月3日に王選手は756本目のホームランを打って、世界記録を達成していた。

テレビはその話題で持ちきりで、その756本目のホームランシーンは何度も繰り返して放映されていた。

何回見ても、胸が熱くなった。王選手には心の底から憧れた。

けれど、ファンとしてではない。王選手のようになろうと思った。

あの人は僕のヒーローではなく、少年時代からの僕の目標だった。


成長したのは、もちろん僕だけではない。

チームの実力は、年を追うごとに上昇していった。

6年生の関西リトルリーグ秋季大会で、岸和田リトルはベスト4に進出した。中学生になって、僕たちはリトルからシニアのチームに入ったのだが、2年生の秋には関西シニア連盟秋季大会で優勝、そして3年生の夏にはついに全日本選手権大会に出場、決勝戦まで駒を進めたのだ。

残念ながらその決勝戦で浜松シニアに5対4で敗れ、準優勝に終わったのだけれど、全国大会に出場して、決勝まで進んだことは僕たちの大きな自信になった。

僕はエースで4番打者だった。6年生のときには完全試合も成し遂げたし、シニアの大会では3打席連続ホームランという記録も作った。大阪の藤井寺球場だった。ただのホームランではない。3本とも飛距離は120メートルを超えていたと思う。誰にも真似のできない大きなホームランを打つのが、僕の誇りだった。どこの球場へ行っても、まず「この球場は場外ホームランを打てるかな」と外野席を見渡すのが癖のようになっていた。

日生球場で練習試合をしたとき、バックスクリーンの奥のフェンスの上にネットが張られているのを見つけた。マニエル・ネットと呼ばれているという。近鉄バファローズのチャーリー・マニエル選手が打撃練習で打つ球が、場外に飛び出してしまうのを防ぐために張られたのだそうだ。150メートルは飛ばさなければ、あのネットには届かないはずだ。そう思ったら、闘志が湧いてきた。

中学生がプロの選手に、しかもホームランバッターとして名高いマニエル選手にライバル意識を燃やすというのもおかしな話だけれど、ホームランの大きさにかけては誰にも負ける気がしなかったのだ。王選手は僕がシニアに入った年の秋に引退していた。及川監督（リトルリーグ時代にピッチングコーチをしてくれていた及川さんが、シニアの監督だった）が冗談交じりに、「清原なら王さんを超えられるかもしれない」と言った言葉が耳の底に残っていた。目標は王選手なのだ。他の選手に負けるわけにはいかなかった。

とはいえ、僕はそのマニエル選手がどんな顔をしているかも知らなかった。そのバッターボックスに立ったとき、僕の心をよぎったのは、及川監督やチームメイトの顔だった。「いくら清原でも、中学3年生にあそこまでは飛ばせないだろう」、そう思っているに違いない。彼らの驚く顔が見たくてたまらなかったのだ。

毎日何百回もしている素振りを繰り返し、心を鎮めてバットを振った。内から外へ。下半身にタメを作り、利き足の左足で地面を思い切り踏ん張って、ゼロコンマ何秒か先の未来にボールが存在するべき空間めがけてバットを走らせる。全身の感覚で読み切ったまさにその場所で、バットの芯がボールの芯を出迎えた。

センターの上空に白いボールが尾を引いていくような、大きなホームランだった。

打球はバックスクリーンを越え、150メートルの距離を飛び越えて、マニエル・ネットを大きく揺らした。

球場がしんと静まりかえる。

敵も味方も、呆然《ぼうぜん》としていた。

「これや、これ。この感じや」

ダイヤモンドを回っていたら、背骨の底からゾクゾクするような喜びが湧き上がってきた。チームメイトが飛び上がって歓声を上げるのが見えた。

こんなことばかり話していると、なんだか自慢坊主みたいだ。天狗《てんぐ》になっていたんじゃないかと言われれば、はいそうですと答えるしかない。ただ、それは自分が特別だと自慢したくてやったことではない。チームメイトが喜ぶ顔を見るのが何よりも好きだった。ベンチに戻ってみんなに頭や背中を叩かれるのが、僕の人生で最高の幸せだった。

栄川さんと及川さんに教わった野球人生においていちばん大切なことは、練習の価値を知ったことだと書いたけれど、いちばん大切なことがもうひとつあった。それはチームプレイの喜びだ。チームの全員が心をひとつにして敵のチームと戦っているときの、あの頭の中が真っ白になるような純粋な喜びを知らなければ、僕はこんなに長いこと野球を続けられなかった。その喜びをあの2人の監督が教えてくれた。彼らは単に野球がチームプレイであることだけではなく、仲間のために死力を尽くしたときにこそ、人は自分の限界を超えた大きな力を発揮できるのだと教えてくれたのだ。

ピッチャーになったばかりの頃、ヒットを打たれて頭にきて、フォアボールを連発して1点を失ったことがある。敵に与えたのはその1点のみで、試合が終わってみれば4安打1失点、2対1の完投勝利だった。

小学5年生のピッチャーにしてはまずまずの出来のはずだが、試合が終わった後、栄川監督から本気で叱られた。ヒットを打たれたのは仕方がない。けれど、そのヒットで頭にきたのは、自分のことしか考えていないからだ、と栄川さんは言った。野球はひとりでするものではない。お前の投げる一球は、お前ひとりが投げているんじゃない。内野手も外野手も、いやベンチにいる補欠の選手も含めて、全員で投げているんだ。ひとつの失投で自分を見失うということは、それを知らないということだ、と。

栄川さんは罰として、試合直後のギラギラと太陽が照りつけるグラウンドで、僕に100本ノックを課した。その途中で、脱水症状を起こして僕は倒れた。病院に運ばれて点滴を受けたのに、家に帰っても親に告げなかったというのはその時のことだ。親に言えなかったのは、栄川さんの言葉が胸に痛かったからでもある。頭にきて試合を投げかけたことが恥ずかしかった。

完全試合を成し遂げたかと思えば、3打席連続で大人も肝を潰すような特大ホームランを打つ、エースで4番の天才野球少年。そのまま放っておいたら、自分のことしか考えない、身勝手な人間になっていても何も不思議はないだろう。そういう感情が、自分にはひとかけらもなかったとは言わない。自分は特別だという感覚はいつもあった。けれど、天狗になるたびに、僕はひどく鼻をへし折られた。そしてチームプレイに徹することと、その結果としてのみ味わえる、痺れるような歓喜を学んだのだった。

人の成長を植物の生長にたとえるなら、小中学生のあの時期は、揺るぎない根を育てる時期だったのだと思う。仲間と一緒に野球をする喜びを知り、野球という大地に僕はしっかりと根を伸ばした。頭の天辺《てっぺん》まで、野球にどっぷりとつかっていた。野球のない人生なんてもはや想像すらもできなかった。幹を太らせ、枝を伸ばし、葉を繁らせる時期がやってきたのだ。

その大切な時期に、僕は一人の男と出会うことになる。

野球の神様がもしいるとするなら、その出会いこそ神が僕に与えてくれた最高の贈り物だった。そしてそれはまた、僕に背負わされた最大の試練でもあった。

第2章

富田林《とんだばやし》

シニアリーグの全日本選手権準優勝を最後に、僕はシニアを引退する。

僕としてはもうかなり前から自分は将来プロ野球選手になるのだと密かに思い込んでいたのだけれど、両親はそんなことを知るよしもない。

彼らの目から見れば、いくら身長が180センチを超えても、中学3年生は中学3年生だった。プロ野球選手というものと、まだまだ幼い自分たちの子供を結びつけて考えることはできなかったのだろう。

どうやら息子が野球の才能に恵まれているらしいことはわかっていたから、その才能に日の目を見せてやりたいというのが、両親の夢のすべてだった。

甲子園に出してやりたい。

僕がリトルリーグで多少の頭角を現した頃から、父も母もずっとそのことだけを考えていたらしい。

もちろん甲子園に出場することが、どれだけ難しいかは充分に認識していた。野球の世界とは縁もゆかりもなかった両親は、とにかく出場の可能性の少しでも高い高校に息子を進学させてやるしかないと考えていたようだ。

ただひとつだけ小さなつながりがあったとすれば、それは母親が天理市の出身だったということだ。

天理高校は甲子園の常連校だ。小学生の頃から、母は年に一度の実家への里帰りの行き帰りには必ず、僕を連れてその天理高校のグラウンドと寄宿舎に寄り道した。

グラウンドでは、当時の僕の目には大人みたいに見えた高校球児が、泥だらけになって練習に明け暮れていた。その光景を眺めながら、母が言うことは決まっていた。

「あんた、ここ入って甲子園行くんやで」

素直な僕の返事も、毎回同じだった。

「お母さん、僕ここへ入って甲子園行くんやな」

あれも、ある種の洗脳かもしれない。天理高校に入って甲子園を目指すという人生の設計図が、僕の頭にしっかりと刻み込まれたのだ。

僕が中学に入ると、母は遠い親戚のつてを頼って天理教に入信してしまった。

目的はもちろん、ただひとつだ。

「あなたはどうして、何の悩みを持って天理教に入信するんですか」

入信の理由を聞かれて、母は正直に答えたらしい。

「いや、わたし悩みはないんです。ただ、自分の息子をここの高校に入れたいので、それで入信させてもらいたいんです」

もう少し何か言い方がありそうなものだと思うし、天理教の方にも失礼だと思うのだけれど、まだるっこしいことを言えないのは母の長所でもある。

「『珍しいお母さんもいてるもんやなあ、こんな人初めてです』って笑われたわ」

後になって自分も笑いながら、母はそう言っていた。

そういうわけで、僕はずっと天理高校に進学するつもりでいた。ところが、直前になってその進路を変えることになった。中学校3年生の夏休みのことだ。

高校野球の名門校の人たちが、岸和田シニアの試合や練習を見学に来てくれるようになっていた。スカウトというほどではない。有望な選手がいたら声をかけて、自校への進学を勧めるという感じだった。

そういう中に、ＰＬ学園の方がいた。

「もしウチの高校に来たら、彼はきっといい選手になりますよ」

父はそう言われたらしい。それで気を良くしたというわけでもないのだろうけれど、シニアの全国大会も終わった夏休みのある日、とりあえずＰＬ学園の見学に行ってみないかと言い出したのだ。僕はずっと天理高校を受験するつもりだったし、父にしても同じ気持ちだったに違いないが、進学という問題が目前の現実になったときに、ふと他の選択肢もあるということに気づいたのだと思う。天理高校だけが甲子園への道ではないのだ。あくまで当時の噂だけれど、天理高校は毎年１００人もの1年生が入部すると聞いていた。レギュラーになるだけでも一苦労だ。天理の1年生は走らされたり、球拾いばかりさせられるが、20人程度のＰＬはそんなことはないという話も聞いていた。

父のクルマに乗ってＰＬ学園に出かけた僕は、まずその規模に驚いてしまった。正面の入り口に守衛所があって、そこからクルマでそのまま中に入ったのだけれど、まるでひとつの街だった。緑の多い敷地には道路が縦横に走っていて、あちこちに大きな建物が見える。病院やゴルフコースまであるという話だった。

こんな大きな高校があるのかと肝を潰したのは、実は僕の勘違いで、そのひとつの街のような土地はＰＬ教団の本部敷地だった。ＰＬ学園はそのごく一部なのだ。そう聞いても、僕の驚きは変わらなかった。正門をくぐってからかなりクルマを走らせてようやく辿《たど》り着いたＰＬ学園のキャンパスも、高校とは思えないほど広かった。そして何よりも野球部のグラウンドがすごかった。

広々としたグラウンドは、緑の芝生に覆われている。周囲を高い金網のフェンスが囲んでいて、その向こう側に雨天練習場と、野球部員の寮があった。

ほとんど何の設備もない埋め立て地のグラウンドで練習してきた僕には、まるで別世界だった。単純な僕は、そのグラウンドに一目惚れしてしまった。

「お父さん、僕ここで野球やる」

グラウンドで高校を決めるのもどうかとは思うのだが、あの時の僕はもうここしかないと決めていた。

僕が一度言い出したら聞かない性格だということを、父はもちろんよく知っていたし、父にも思うところがあったのだろう。その場で、僕の志望校はＰＬ学園ということになった。

天理教に入信までしていた母は、さすがにショックだったらしい。けれど、僕の気持ちが変わらないことを知ると、すぐに天理教の教団に謝りに行った。

「息子をここへ入れてもらうつもりで入信させてもらったんですけど、実はその息子がＰＬ学園へ行くと言い出しました。息子がＰＬ学園を志すからには、私もＰＬ教に入信しようと思ってます。同じ宗教なんで、私は両方できませんので、勝手言うて悪いんですけど私もやめさせてもらいます」

何遍も書くが、天理教の信者の方たちはもちろん、ＰＬ教の信者の方にも失礼千万な話だ。真面目に宗教を信仰している人たちからしたら、僕の母はとんでもない不心得者だろう。僕としては、子供を思う母の気持ちに免じて許しを請うしかない。

けれど、天理教の方の対応は、温かなものだったそうだ。

「そしたらな、天理教の先生が『いやいや、宗教というものは入り口が違っても、中に入ったら一緒です。だから、気にすることはありません。息子さんがＰＬ学園で一所懸命に野球に打ち込まれることを私らも応援してます』って温かく出してくれはった。その言葉に嘘はなかったんよ。お前がＰＬ学園で甲子園に出場して初優勝したとき、真っ先にウチに電話をくれはったのも、その人やったんやからな」

母は今もその時のことをよく話してくれる。

ＰＬ学園を受験すると決めたら、母は一直線だった。「野球だけで入ったと人から言われたら悔しいから」と、僕に塾通いを始めさせた。月に何万円かの塾の費用だって、ウチの家計ではバカにならなかったはずだ。いつもいちばん前の席に座って、居眠りをしているという話を塾の先生に聞いてからは、姉に僕の家庭教師を命じた。姉は僕と違って、勉強がよくできたのだ。姉が家庭教師ということは、母と姉の両方に監視されながら勉強するということなわけで、僕は嫌でも受験勉強をしなければならなかった。

母親はさらに僕に毎日20キロのランニングを課した。実家の近所に久米田池という貯水池がある。その周囲の土手を大回りすると約3・7キロ。それを毎日6周した。中学校の授業が終わって帰宅すると、母が待ちかまえていて自転車で伴走するのだ。20キロのランニングを終えるまでは、夕食も食べさせてもらえなかった。

放っておいたら、僕がどこかへ遊びに行ってしまうと思っていたのだろう。シニアのチームは引退していたし、僕は何年も遊びに飢えていたので、その心配は正しかったのだが。

秋も深まって日が短くなると、久米田池の周辺は真っ暗になる。最初は母親の自転車の後をついて走っていたのだけれど、後ろから何かが追いかけてきそうで怖かった。それで自転車の前を走るようになった。すると、前に何かがいるような気がする。今度は、自転車の横を走るようにした。

「あんたは、ほんとに怖がりなんやから」

母親に笑われながら走った、あの暗い道を今でも時々思い出す。身長はもう185センチに達していたと思う。カラダは大きくても、母が心配したように、僕はまだほんの子供だった。白状すれば、母親と毎日走るのは楽しかった。口ではぶつぶつ文句も言っていたけれど、毎日20キロのランニングを一度も辛いとは思わなかったのは、母が一緒に走ってくれたからだった。

これも弁解めくけれど、僕が年齢よりも幼かったのは、小学3年生からずっと野球漬けで、世間のことを知らなかったからでもあった。週末はいつも僕の練習があったから、家族旅行をした記憶もない。家と学校とグラウンド以外の場所を、ほとんど知らないままで7年間を通してきた。大阪の子供なのに、地下鉄にも一度も乗ったことがなかった。普通の電車に乗るのだって遠征のときくらいだから、どうやって切符を買ったらいいかもよくわからなかったのだ。

PL学園に無事合格して入寮が決まると、その前に僕を一度だけでも地下鉄に乗せてやって欲しいと、母が姉に頼んだほどだ。姉に連れられて、地下鉄に乗って映画を観に行った。その頃には母の千里眼がインチキだということは薄々気づき始めていたけれど、やはり母親というのはすごいものだと今さらながらに思う。周りの人の目を気にせず、ただの子供として地下鉄に乗ることができたのは、それが最初で最後の経験になった。僕にどんな未来が待ち受けているかを、母は心のどこかで気づいていたのかもしれない。

久米田池の周りを毎日走らされたのも、高校に入ったばかりの新人選手は疲労骨折を起こしやすいという話を、誰かから聞いたからだった。実際に激しい練習で疲労骨折を起こし、練習を休んでそのまま退部する新人がかなりいた。中学生の足腰では、高校野球の練習に耐えられないのだ。高校時代、そういう怪我を僕は一度もしていない。毎日20キロ走り込んでいたおかげで、PL野球部名物のランニングもそれほど辛いとは思わなかった。

父も母も、野球のことなど何も知らない人たちだった。7年間にわたってリトルやシニアの試合を見続けてきたし、監督や父兄の人たちとの交流もあっただろうから、普通の親よりは野球の知識も増えていただろうけれど、あくまでそれは耳からの知識であって自分の体験ではなかったはずだ。にもかかわらず、両親はいつだって僕に何が必要かを知っていて、それをちゃんと用意してくれていた。かなり後になってから、そのことをとても不思議に思ったものだ。自分も親になって、なぜ彼らにそんなことができたのか、ようやくその秘密を本当の意味で知った。

両親は僕と一緒に野球をしていたのだ。

昼間は電気工事の仕事が忙しかったから、父がシニアのグラウンドに姿を現すことはあっても日が暮れてからだった。父の仕事を手伝いながら家事や祖父母の世話もしていた母は、めったに練習や試合を観に来られなかった。

それでも両親は、僕と一緒にあのグラウンドでボールを追いかけていたのだと思う。夕ご飯を食べる息子の表情を見るだけで、両親には充分過ぎるほどなのだ。膝小僧の傷ひとつ、こぼした涙の一滴で、その日に何があったかを知る。そして僕の喜びを、僕の辛さや悔しさを、一緒になって経験していたのだ。僕が打てなくて苦しんでいれば、両親も同じように苦しんでいた。そういう風にして、いつも背中に寄りそうように、僕の側《そば》にいてくれた。一緒に球拾いをし、素振りをし、ホームランを打っていたのだ。そしていつも目を皿のようにして、僕の前にある危険や、落とし穴を探していたのだ。

川上哲治さんは、「野球は親孝行だ」と言っていたそうだ。親孝行という言葉は、古臭く聞こえるかもしれないけれど、僕には川上さんの言った意味がよくわかる。野球がチームプレイであるように、人はひとりで生きているわけではない。自分を愛し、支えてくれた人がいたからこそ、自分は今ここに生きている。そのことを、どれだけ深く心に刻んで戦っているかと、川上さんは問うているのだ。

全力で戦うのが難しいのは、全力を振り絞るのが苦しいからだ。その苦しさを乗り越えさせてくれるのが「親孝行」なのだ。自分自身よりも自分を愛してくれた人がいることを知り、その思いに報いようとしたとき、人は本当の力を発揮するのだと僕は思っている。

もっとも、当時の僕はそんなこと知るよしもない。両親が自分を理解するのは当たり前のことで、彼らがどんな犠牲を払い何を与えてくれようと、王様が領民からの貢ぎ物を受けるように、感謝もせずに受け取っていた。

要するに、僕は子供だった。

当時のPL学園硬式野球部は、部員全員が寮生活をすることになっていた。正月休み以外は家に帰れないのはもちろん、両親に電話することも、手紙のやりとりまでもが禁じられているらしかった。シニアの練習が遊びに思えるほど練習が激しいということも、先輩後輩の関係が極めて厳格だということも聞いていた。自分で望んだこととはいえ、言葉は悪いが監獄にでも入るような気持ちだった。

いよいよ入寮の日がやってきて、父がクルマでPL学園まで送ってくれた。岸和田の見慣れた町並みがウインドウの外を逃れていく。僕はガラスに顔をくっつけて、その景色をキョロキョロと見回していた。来年の正月まで見られない風景が、懐かしくなったわけではない。帰り道の目印を、憶えようとしていたのだ。

「僕、電車にはよう乗らんから、逃げたくなったら、走って帰るわ」

その日の朝、僕は冗談半分に母にそう言っていた。

母も笑いながら、10円玉を20個だけ袋に包んで渡してくれた。

「これカバンの底にでも隠しとき。どうしても耐えられなかったら、公衆電話探してウチへ電話しなさい。お父さんが迎えに行くから」

半分は冗談でも、あとの半分は冗談ではなかった。

カバンに何度も手を突っ込んで、母の10円玉がそこにあることを確かめながら、僕は交差点の電信柱や派手なパチンコ屋の看板を一所懸命に見つめていた。

あの日が、僕の子供時代の最後の日だった。

昔の武士は、だいたい15歳で元服したそうだ。子供の印である前髪を切り、髷《まげ》を結って烏帽子《えぼし》をかぶる。その日から、一人前の大人というわけだ。

PL学園の寮に入ったあの日が、僕の元服だった。

親離れをしただけではない。

僕は、生涯のライバルと出会ったのだ。


彼はチームメイトであり、勝負をする相手ではなかった。今だって、バッターボックスに立って彼を正面に見て戦うより、彼の背中を見ながら守備につくほうが、自分の中ではずっとしっくりくる。

普通に言うなら、戦友であり、友と呼ぶべき存在だ。

けれど、真の友は飴《あめ》であるよりもむしろ鞭《むち》だ。

スポーツ選手が戦う相手とは、誰よりもまず自分自身なのだ。いや、それはスポーツ選手に限らず、誰でもそうだと思うけれど。

自分との戦いに負けそうになる心に鞭を打ち、辛い練習に立ち向かう勇気を奮い起こせたのも、彼という心のライバルがいたからだ。

それが桑田真澄だった。

僕は身長が186センチになっていたから、彼とは10センチ以上も差があった。筋肉らしい筋肉もついていない。PL学園の硬式野球部に入部するくらいだから、かなりの選手ではあるのだろうけれど、新入部員27人の中では目立った存在ではなかった。ポジションは僕と同じピッチャーだった。中学時代は4番でエースだったという猛者《もさ》がほとんどだから、それも取り立てた特徴とは言えなかった。

けれど、桑田のピッチングを見た瞬間に、甘い幻想は消し飛んだ。

こいつには勝てない。ひと目で、そう思った。

こんな経験は初めてだった。

その立ち姿、腕を鞭のようにしならせて投げるフォーム、そして指を離れたボールの描く軌跡。桑田の投げる球には、球速とか球威というものとはまた別の何かがあった。まるでボールに命が宿っているように見えた。

野球選手には勝負勘というものがある。バッターボックスに立って最初の一球を見ただけで、これはヤバイと思うことがある。理屈ではなく、その一瞬で相手の力量を見切ってしまうのだ。野生の動物は、面と向かっただけで、相手が自分より強いかどうかがわかるというけれど、そういう感覚に近い。

桑田の投げるボールを初めて見たときが、まさにそんな感じだった。

こいつこそが、ピッチャーだと思った。

監督から「清原は野手でいく」と言い渡されなくても、自分はピッチャーを諦めることに決めていたと思う。野球選手として桑田のレベルに追いつくには、バッティングに専念する以外にはないと思ったのだ。

それほどの衝撃だった。

硬式野球部の監督は、中村順司さんだった。

僕の野球人生での3人目の、今も忘れられない師匠だ。

厳しい練習で知られたPL学園硬式野球部だけれど、中村監督自身は謙虚で穏やかな人だった。頭ごなしに命令して練習をさせるのではなく、選手ひとりひとりのことをよく考えて、それぞれの才能を開花させるということをいつも考えておられた。監督であると同時に、優れた教育者でもあった人だ。

そして、これはＰＬ教の宗教的な考え方の影響もあったと思うのだが、練習はいつも感謝の祈りで始まった。ＰＬ学園と言えば朝から晩まで練習をしていたように思われがちだけれど、野球のために勉強を疎《おろそ》かにすることは許されなかった。１日５時間の高校の授業をきちんと受けて、３時過ぎにグラウンドに集合し、みんなで感謝の祈りを捧《ささ》げてから練習を始める。その習慣が、気持ちよかった。日が沈むまで、冬は３時間、夏は４時間程度の練習だったと思う。毎日20キロを走り込んでいたおかげもあるのだろうけれど、練習そのものを辛いと感じたことはなかった。

もっとも、桑田に課せられた練習メニューだけは特別だった。桑田はそれこそ鬼のようなトレーニングをさせられていた。炎天下のグラウンドで２００球も３００球もピッチングをする。そのピッチングの間中、キャッチャーは構えたミットの位置を動かさない。コントロールが狂えば、ボールは後方に転々と転がっていく。そのボールは、桑田自身が拾わなければならなかった。

１００球、２００球と投げれば、さすがの桑田もコントロールを乱す。そのたびごとにダッシュして、自分の投げたボールを拾いに行っては、ダッシュでマウンドに戻る。また投げる、また外す。また走る。一球投げるごとに、疲労は倍増していただろう。ファーストを守りながら、桑田が疲労困憊《こんぱい》して動けなくなるのを見るのは辛かった。すべての体力を絞り尽くして、それでもふらふらになりながら投げ、よたよたと走っていた。本気で桑田が死んでしまうんじゃないかと思ったことが何度もあった。

「俺、ピッチャーやめてよかったわ」

そう思いもしたし、また仲間とそんなことを話したりもした。

けれど、心のどこかに負けられないと思う気持ちがあったのも確かだ。

練習こそが人を成長させるのだ。桑田がそれだけ厳しいトレーニングをしているということは、それだけ前に進んでいるということだった。

しかも桑田は、そんなきつい練習をこなしているというのに、野球部としての練習が終わった後に、ひとりでグラウンドを走り込んでいた。桑田は人の５倍練習すると言われた。

負けられないと思った。桑田が走っている間は、僕もバットを振り続けた。寮はグラウンドのすぐ横にあったから、自主練習はいつでもできたのだ。

そのうち夜中のグラウンドにお化けが出るという噂が立った。夜中にグラウンドから「シュッ、シュッ」という妙な音が聞こえてくるのだと言う。

僕はクビをすくめた。お化けの正体は、自分だった。

新入部員には先輩の雑用という大事な仕事があった。先輩の練習着を洗濯して干したり、道具を磨いたり、マッサージしたり。昼間の練習で疲れているから、先輩の腕を揉《も》んでいる間に、自分も居眠りして怒られたことが何度もある。そういう雑用を済ませてから、こっそり夜中のグラウンドで素振りをしていたのだ。

深夜のグラウンドで何百回も素振りをし、眠くなればそのバットを抱えて床に就いた。バットに触っていなければ、落ち着かなくなるくらいバッティングのことだけを考えていた。

僕だけでなく、野球部の部員はみんな、そうやって自主練習していたのだ。それがＰＬ学園の強さの秘密だった。

使用が禁じられている夜中の雨天練習場でこっそり練習していたら、先輩に見つかって怒られたことがある。「でも、俺もっと上手くなりたいんです」。謝りながら練習をしていたら、その先輩も僕の隣で練習を始めた。

野球が打ち込めば打ち込むほど面白くなる奥の深いスポーツだったからには違いないけれど、あれだけ練習に夢中になれたのは、やはり桑田がいたからだった。頭をちょっと傾けた独特のフォームで、黙々と走る桑田の華奢《きゃしゃ》な背中を見ていると、どんなに練習してもまだ足りないという気持ちになったものだ。桑田は鈍感で、走る辛さを感じないのかと思ったことさえあった。もちろん、そんなわけはない。あいつだって、心臓が潰れるほど苦しかったはずだ。あいつも歯を食いしばって辛さに耐えていたのだ。

自分ひとりで野球選手になれたなんて思ったことはない。

両親や祖父母はもちろんのこと、栄川監督に及川監督、中村監督、リトルやシニアのチームメイト、ＰＬ野球部の先輩や後輩、戦った相手校の選手たち……。たくさんの人がいてくれたからこそ、自分はなんとかここまで来られたのだと思っている。

けれど、その中からもし一人だけを選ぶとするなら、それはやはり彼しかいない。

桑田がいなかったら、その後の僕はないと思っている。

こんなことを言うと、自分がずいぶん歳を取ったような気になるけれど、若いあの時代の肉体はまるで超人だった。激しい練習に困憊して、ボロ雑巾のようになって布団に倒れ込んでも、一晩眠れば翌朝には生まれたてのように元気になっていた。ご飯を食べれば食べただけ筋力がついたし、練習をすればしただけ技術が向上するような気がした。

バッティング練習をすれば、10本が10本ともホームランだった。練習用に球の飛ばない竹のバットを使ったのだが、打ったボールはグラウンドの周囲にめぐらされた高いフェンスを飛び越え、その向こうの寮の窓を直撃した。ガラスを何枚割ったことか。もちろん怒られはしなかったけれど、フェンスの上にネットが張られた。誰かがキヨハラ・ネットと呼んでいた。

高校での初打席は、1年生の6月、沖縄の興南高校との練習試合だった。代打でバッターボックスに立った僕は、練習試合とはいえ、初めて高校生のピッチャーが本気で投げる球を打った。相手は後に阪神のピッチャーとなる仲田幸司さんだった。

右中間を抜けるライナー、2塁打だった。

その一発が決め手になったと、後で中村監督が言っていた。甲子園の大阪地区予選が始まると、僕はレギュラーに抜擢《ばってき》された。守備はファースト、打順は4番だった。入学して3ヶ月も経《た》たない一年坊主が、PL学園の4番打者になったのだ。野球部創部以来の出来事だったらしい。もっとも僕自身は、そんなこと知らなかった。

「先輩にイジメられなかったんですか？」と聞かれることがある。それはまったくなかったと断言できる。鉄拳制裁《てっけんせいさい》は毎日のようにあった。頭が変形するんじゃないかというくらい殴られたこともあるけれど、それは下級生なら誰もが同じだった。現在なら確実に新聞沙汰になっていただろうが、当時の高校の野球部はどこも似たようなものだったはずだ。先輩後輩の関係こそ厳しかったけれど、というよりはおそらくそのおかげで、今でいうイジメのような陰湿な雰囲気はどこにもなかった。先輩にこき使われる寮生活があまりにも厳しかったから、練習の辛さをあまり感じなかったということもある。野球をしている間は、殴り倒されることもないのだ。

僕自身も、先輩たちをさしおいて4番を打つことに気後れはなかった。もちろん打たなきゃいけないという重圧は強烈だったけれど、そういうプレッシャーはすべて良い方向に働いた。毎晩の素振りの回数が増えただけだ。

抜擢されたのは僕だけではない。

桑田が先発したのはその甲子園地区予選の第4回戦。吹田高校を2安打に抑える完投勝利だった。控え投手だった桑田は、その試合から事実上のエースになった。

ＰＬ学園はそのまま地区予選を勝ち上がる。予選での僕の成績は、打率4割、ホームラン2本だった。

そして、僕たちは甲子園の初舞台に挑んだ。

小学生の頃から憧れた甲子園だ。久米田池の土手道をおっかなびっくり走りながら夢見た世界の中に僕はいた。ほんの何ヶ月か前までは、この日が来るのはもっとずっと遠い未来だと思っていた。それが、呆《あき》れるほどのスピードで、目の前に出現した。スタンドを埋め尽くす観客の歓声に、何十台もの取材陣のカメラ。想像以上に派手な世界だった。緊張しなかったと言えば嘘になる。けれど、その緊張感がここちよかった。そしてグラウンドを揺らす大歓声に掻き立てられたのは、緊張よりもむしろ闘志だった。

桑田は1回戦の所沢商業戦から先発し、素晴らしいピッチングを続けた。

桑田は外角ストレートとカーブに絶対の自信を持っていた。中村監督から「もっと内角にストレートを投げたらどうだ」と助言されても、自分は外角のストレートを磨きますと言って聞かなかったくらいだ。その外角ストレートが、小気味いいほどよく決まった。

2回戦で中津工業を7対0、3回戦で東海大一高を6対2、準々決勝では高知商業を接戦の末に10対9で下し、僕たちはベスト4に進出する。

準決勝の相手は、徳島の池田高校。前年の甲子園と、この年の春の選抜で優勝し、2連覇を達成した強豪中の強豪だ。この大会で優勝すれば3連覇、甲子園史上最強のチームと言われ、もちろん優勝候補の筆頭だった。ジャイアンツのピッチャーになった水野雄仁さんがエースで、恐ろしくキレのあるスライダーはプロでも通用するという評判だった。

PL学園はその年の春の選抜出場を逃していた。話題性はあっても、エースも4番打者も1年生という若いチームだ。PL学園は池田高校に惨敗するだろう、というのが高校野球をよく知る人たちの予想だった。

「逆立ちしてもPLは池田に勝てない」

そんなことまで言われて、僕は猛然と奮発した。

何が何でも水野さんを打ち砕くつもりで、バッターボックスに立った。どんなに優れたピッチャーだろうと、1本のホームランで崩れるのだ。その一発を打って、水野雄仁という鉄壁に風穴をあけるのが自分の仕事だと心に決めていた。

第1打席から、思い切り振っていった。

水野さんも渾身《こんしん》の球を投げた。

かすりもしなかった。

結果から言えば、僕の完敗だった。

4打席、4三振。

すべての打席で水野さんと真っ向勝負して、すべての打席で水野さんに完璧に打ち取られた。あの恐るべきスライダーに、きりきり舞いさせられたと言っていい。

言い訳をさせてもらえば、桑田がその水野さん以上のものすごいピッチングをしていたのだ。先発のまま最後まで投げ切って、敵に1点も与えなかった。2回戦の中津工業に続く完封勝利。強豪池田高校の打線を完全にシャットアウトした。おまけに、あいつは4番打者が三振を重ねているのに、自分は涼しい顔をしてその水野さんの一球をスタンドに叩き込んでいた。僕が三振に打ち取られた第1打席直後にPL打線は爆発し、桑田のホームランも出て2回裏には早くも4点を入れ、終わってみれば7対

0の圧勝だった。

そんなこと言ったら先輩に殴り倒されるから、口が裂けても言えなかったけれど、その4点が入ってからは、ホームランを打つか三振するかのどちらかだというつもりで打席に立った。桑田が好投してくれたから、僕は自分の勝負にこだわることができたのだ。水野さんに打ち勝つことだけに集中して、そして4回も三振したのだ。水野さんと僕の勝負ということで言えば、あの試合は僕の完敗だった。

デッドボールでもフォアボールでも出塁しなきゃいけないような試合だったら、あんなに豪快な三振を4回も続けなかった。打ちそこねのヒットでも何でもいいから、とにかく塁に出ようと足掻《あが》いたはずだ。もちろん、そうしたところでヒットを打てたかどうかはわからない。勝負は時の運だ。凡打に打ち取られたか、結局は4三振に終わったか。

結果がたとえ同じであっても、チームプレイに徹した結果と、自分の勝負にこだわった結果とでは意味が違う。桑田の調子がいいのをいいことに、僕はあの大舞台で水野さんに4回も自分の勝負を挑んでしまったわけだ。監督に怒鳴られても仕方がないところだったけれど、中村監督はカラリとしたものだった。

「お前は思い切って振ったんだから、それでええやないか。バッターにはそういう勝負をせにゃならんときもある。その勝負をして、お前が負けただけのことだ」

叱られるよりも、胸に応えた。監督は僕の気持ちを見抜いた上で、それでもいいと言ってくれたのだ。僕は自分のしたことを反省しないわけにはいかなかった。

決勝戦は1983年8月21日、横浜商業が相手だった。その最初の打席で、僕が打った球はライトのラッキーゾーンに飛び込んだ。僕の甲子園での初ホームランだった。味方はその後も2点を奪い、横浜商業には1点も与えないまま、僕たちPL学園は優勝を手にしたのだった。

決勝戦が終われば、敵も味方もベンチ前の土を掘って袋に詰めるのが、甲子園の名物行事みたいなものだ。僕はそれをしなかった。来年の春も、またここに来て、今回以上の活躍を必ずしてみせると心に誓っていたからだ。

悔しいけれど、水野さんだけでなく、桑田にも負けた気がしていた。桑田は甲子園での6試合中、3試合を完投勝利、しかもそのうち2試合は完封だった。おまけに、自ら2本もホームランを打っていた。打ち込まれたのは準々決勝の高知商業戦だけだが、これは第2試合から3試合ほぼ連日の登板だったことを考えれば仕方がなかった。あの灼熱《しゃくねつ》の太陽の下で、並み居る強豪相手に毎日100球近くも投げ続けたのだ。誰がどう見ても、文句なしのPL学園のエースだった。

その桑田の苦しい場面では、さすがに必死になった。4打数3安打3打点、フォアボールもあったから毎回出塁した。4番らしい活躍をしたのはその試合と、ホームランを打った決勝戦くらいのものだ。そのホームランの数も、僕は1本だけで、ピッチャーなのに2本も打った桑田に遅れを取っていた。この年の甲子園の全試合を通じての打率は、桑田が3割5分で僕が3割だった。桑田はバッティングの才能も人並み外れていたのだ。

桑田と僕のイニシャルを取って、KKコンビと呼ばれるようになったのはこの大会からのことだ。迷惑といったら言い過ぎだけれど、あの時は戸惑うばかりだった。

バッティングは失敗で成り立っている。10回のうち3回ヒットを打てば、それで3割バッターなのだ。それはつまり10回のうち7回は打てないということで、確率的に言えば1試合のたとえば4打席で一度も打てないということはいくらでもある。9人いるからなんとか勝つことができるのだ。野球はどこまでもチームプレイなのだ。みんなで御輿《みこし》を担ぐようなもので、100人で担げば100人それぞれの肩に、それぞれの重みがぎしぎし食い込んでいる。もちろん、その100人全員が試合に出ているわけでもない。

これは、綺麗事でも何でもない。スポーツを本気でやっている人なら、誰でもわかっていることだ。そうでなければ、とても甲子園で優勝なんかできないのだ。桑田が1年生にして事実上のエースになったとき、それまでエースとして戦ってきた3年生の先輩は自ら進んでバッティングピッチャーをしていた。そういう目に見えないたくさんの自己犠牲があって、僕たちは優勝旗を摑むことができたのだ。

それを、ひとりか2人の目立った場所にいる人間だけが御輿を担いでいるような報道をされたら、みんなどんな気分になるか。自分たちが必死で綺麗に掃除している部屋に、マスコミが泥だらけの靴で上がり込んできたような気がした。

まして僕たちは1年生だった。いくら試合に出ていても、先輩後輩の関係は何も変わらない。自分たちの身の回りのことは、先輩の用事をすべて済ませてからだから、洗濯が間に合わなくて、濡《ぬ》れたままのしわくちゃのユニフォームで練習するような毎日なのだ。

1年生なんだからそれが当たり前だし、苦労とも思わなかった。そういう立場であるにもかかわらず、僕たちだけがやたらとカメラに追い回されることが、どうにも苦痛でたまらなかった。

1回戦から決勝戦まではたったの10日間だった。その10日で、何もかもが変わってしまった。グラウンドには毎日のように山のような観客とマスコミがやってくるようになった。その観客の中には女の子もたくさんいて、それは必ずしも嫌じゃなかったのだけれど、年頃の少年としては、やっぱり頭の中がどうにかなりそうなほどの環境の変化だった。

桑田と僕が、野球の練習以外のときも一緒にいるようになったのは、そういうこともあったかもしれない。

クラスも同じだったから、僕たちはいつも教室の真ん中に机を並べて座っていた。

桑田は優等生タイプで、僕はガキ大将タイプ。2人の性格は正反対ということになっていたけれど、それは必ずしも正しくない。

桑田は時として、僕も目を見張るほど大胆になった。あいつの投球を見ればわかるだろうけれど、肝っ玉の太さは只者《ただもの》ではないのだ。真面目な高校生にはあるまじき悪戯をしたかと思えば、たまの休みの日には2人で夢中になって蟬捕りもした。僕は16歳になったばかり、4月1日生まれの桑田はまだ15歳。桑田という生涯の友にして永遠のライバルを得て、なんとか親離れはして大人にはなったものの、そこはまだ子供だった。いや今現在だって、桑田はともかく、僕はどこまで大人になりきれたか、わかったものではない。

他の人に言葉で説明するのが難しい、あの頃の複雑な気持ちを、本当にわかり合えるのは桑田だけだった。何も話さなくても、僕は桑田が何を考えているかわかったし、それは桑田も同じだったと思う。

その1年生の夏の甲子園から、僕たちは春夏すべての甲子園に出場した。

甲子園は高校生の涙でできている。

甲子園に出場するということは、どこかで負けるということだ。

地区予選も含めれば全国3568校（当時）の高校で、3567校が必ず1回負ける。敗北の悔し涙を流さずに済むのは、ただ1校だけなのだ。

最初の年にその唯一の例外を経験したからといって、それが簡単だなどと思ったことはただの一度もない。

バットがボールを捉える位置やタイミングの、1センチの差、何百分の1秒のズレが、ホームランと凡打を分けるのだ。そして、その一本が、しばしば試合の流れを変えた。勝者と敗者を分けるのが、薄皮一枚の差でしかないことを嫌というほど思い知らされた。

予選から勝ち続けて甲子園の頂上に立つには、実力だけでは足りない。運の強さも必要だった。僕たちはその運すらも、自分たちの実力で引き寄せようとした。それができると信じていた。だからこそ、あんなに夢中になって練習に打ち込めたのだと思う。運を支配するのは神様かもしれない。けれど1センチの差を5ミリに縮め、100分の1秒の差を1000分の1秒に縮めることは、人の力でできるのだ。

薄皮一枚の差は、野球というスポーツの奥深さでもあった。

1984年春、決勝。1984年夏、決勝。1985年春、準決勝。

2年生の春から3年生の春の大会まで、僕たちは最後の最後で悔し涙を飲んだ。

薄皮一枚が突き破れなかった。

僕も桑田も1年生でレギュラーになってから、すべての甲子園に出場し、1985

年春を除くすべての決勝戦を戦った。甲子園という高校球児の夢の舞台で、僕はすでに8本のホームランを打ち、桑田は15勝していた。漫画や小説にだって、そんな主人公はなかなかいないと言われたものだ。悔し涙は贅沢《ぜいたく》だ、と。

初戦で負けようが、決勝で負けようが、負ける悔しさに違いはないのだ。

もし最初の年に優勝していなければ、甲子園でのたとえば準優勝は大きな満足になったかもしれない。けれど僕たちにとって、優勝以外は敗北と同じことだった。

あの深紅の優勝旗を、もう一度この手で摑む。

1年生の夏からの2年間、それだけを考えて生きていた。

1985年の夏の甲子園は、最後のチャンスだった。

1回戦を勝ち上がってきた東海大山形を（PL学園はシード校だった）、29対7の大差で下して勢いをつけ、僕たちは順調に頂上への階段を駆け上がっていった。3回戦、津久見高校、3対0。準々決勝、高知商業、6対3。そして準決勝、甲西高校、15対2……。

僕が4番で、ピッチャーの桑田が5番というのが基本のオーダーだった。

桑田は投手でなかったとしても、強打者として世間の注目を浴びていたはずだ。甲子園で打ったホームランは6本、これは元木大介と並ぶ歴代2位の記録だ。1年前の夏の甲子園準決勝の金足農業戦では、8回裏に逆転ホームランまで打っていた。

投手と打者の戦いは力量に大きな差がない限り、ほとんど心理戦で決まる。相手投手の配球を読み切れるかどうかの勝負だ。ネクストサークルからバッターボックスに向かうとき、桑田がその読みをよく耳打ちしてくれた。これがまた、よく当たるのだ。

この大会ばかりはKKコンビと言われても、あまり悪い気はしなかった。慣れたということもあるけれど、それよりも僕たち2人がこの大会の台風の目になっていることが、はっきり実感できたからだ。

準々決勝での中山裕章との対戦は、今も時々思い出す。高知商業のエース、その右腕は桑田と並んで大会屈指と言われていた。彼は翌年ドラフト1位で大洋ホエールズに入団して活躍するのだが、肝っ玉はあの頃から超高校級だった。

5回裏の最初の打席、ランナーはもちろんいない。

カウント2―2の正念場で、彼は真っ向勝負をかけてきた。渾身のピッチングだった。

真ん中高めの速球を、バットが捉えた。角度もタイミングも完璧だった。金属バットの芯と硬球の芯が完全に重なって、ギンッという特有の金属音が鳴った。地面を蹴る左脚の力、腰と上体の回転が生み出す遠心力、左腕と右腕の筋力、バットを返す手首の力、僕の解き放った力のすべてが、その一点で時速140キロを超える速球と衝突した。

跳ね返されたボールの反発力が、バットを通して腕に伝わる。

陽炎《かげろう》が立つほど熱くなった甲子園の空をめがけ、打球が見たこともない角度で矢のように飛んでいった。ボールの行方を目で追う必要すらなかった。

レフト席の中段で、観客が割れた。

観客も敵も味方も、全員がその方向を見上げていた。ベンチでは中村監督までが立ち上がって、ボールの落下地点を確認していた。笑顔を通り越して、苦笑に近い。ホームランではなく、何かとんでもない悪戯をしでかした子供の親のような顔だった。

160メートルは飛んでいたとか、プロの試合も含めて甲子園球場始まって以来の飛距離だったとか、あのホームランについてはいろいろ言われたけれど、僕自身の印象に残っているのは、何よりも打った瞬間の感触だ。

何の混じり気も不純物もない、ホームランそのものの感触だった。

高校時代は、初めての球場ではまず外野席を見渡したものだ。「この球場は場外へ飛ばせるやろか」。ホームランではない。いつも場外ホームランを狙《ねら》っていた。そして、その場にいるすべての人の度肝を抜くようなホームランを何本も打った。

それでも、あんな感触は初めてだった。

少年時代から引退するまでに打ち続けた何百本のホームランの中でも、最も記憶に残るホームランだった。

続く準決勝でも僕は2本のホームランを打ち、甲西高校を15対2で下して決勝戦に進んだ。登山なら9合目、頂上は目前だった。

けれど甲子園という山は、その頂上がいちばん険しい崖《がけ》なのだ。


1985年全国高等学校野球選手権大会決勝戦——。

僕たちが夏の甲子園の頂上でぶつかったのは、山口県の宇部商業高校だった。

夏になると、『甲子園の熱戦』という決まり文句が新聞の紙面を飾る。熱戦という言葉の本当の意味は、あのグラウンドに立った者にしかわからないと思う。

文字通り、熱いのだ。

真夏の太陽とスタンドを埋める5万人を超える観客の熱気に炙《あぶ》られて、グラウンドは煮えたぎっている。地面にはゆらゆらと陽炎が立ち、顎《あご》からしたたり落ちた汗は、地面に落ちる前にじゅっと音を立てて蒸発してしまうんじゃないかというくらい。

そういう中で、僕たちは戦っている。

桑田は3回戦から4日間、一日の休みもなく投げ続けていた。3日目の甲西戦は味方が13点を先取したこともあって、6回表に2失点した時点で降板していたけれど、あとはすべて9回まで投げ切ったのだ。桑田は自分の限界と戦っていた。

桑田は打たれても打ち取っても、感情をほとんど表に見せない。ポーカーの名人のような無表情は、あいつの武器のひとつだ。

牽制球を投げるときだって、絶対に相手に気配を悟らせない。けれど、僕は桑田の牽制が100パーセントわかった。もちろんサインなんかないし、何か僕だけにわかる癖があるわけでもない。ただ、わかるのだ。あいつが牽制球を投げるときは、必ずわかる。目深《まぶか》にかぶった野球帽の下であいつが何を考えているかが、自分の心を覗くようにわかるのだ。

その日、桑田は気力だけで投げていた。

宇部商は春の選抜の2回戦、6対2で僕たちが勝った相手だ。点差はついたが、実力が並みでないことはよく知っている。しかも今回は、怪我で選抜に出場していなかった藤井進がいた。藤井はこの大会で、すでに4本のホームランを打っていた。一大会で3本という僕の記録を抜いたのだ。僕も前日の甲西戦で2本打って今大会でもホームラン記録を3本にしていたが、藤井はその上を行っていた。

新聞は清原対藤井の対決と書き立てた。けれど、藤井と直接対決するのは僕ではなくて桑田なのだ。準決勝でも同点3ランホームランを放った藤井が、今どんな状態かは僕がいちばんよく知っている。どんなピッチャーからでも、ホームランを打てるような気分でいるはずだ。そういうバッターに、一球でも甘い球を投げたら必ず打たれる。藤井が打てば宇部商打線は勢いづいて桑田に襲いかかるだろう。

試合前、いつもは強気な桑田が真剣な表情で言った。

「なんとか3点までで抑えるから、絶対に4点取ってくれ」

「わかった。藤井にだけは打たせるな」

僕はそう答えたのだが、桑田を鞭で打っているような気持ちになった。

桑田は初回から打たれた。先頭打者の佐藤にセンター前に運ばれた。

その回はなんとかゲッツーで危機を脱したが、2回表の攻撃は藤井からだった。桑田は藤井にフォアボールを与えてしまう。一塁ベースを踏んだ藤井は盗塁を成功させ二塁、さらに内野ゴロで三塁へと進み、6番福島の犠牲フライでホームに生還。絵に描いたようなセオリー通りの攻撃で、1点を先取された。

続く3回の表もヒットとフォアボール2つで1死満塁の窮地に陥る。バッターボックスに迎えたのは3番キャッチャーの田処。ネクストサークルには4番の藤井がいた。

僕は思わずマウンドに駆け寄った。

「桑田、次の打席で俺が必ず打ってやるから。楽に行け」

桑田が頷《うなず》いた。

死力を尽くすとはあのことだと思う。桑田は田処と藤井に直球勝負をかけ、2人とも三振に切って捨てた。バットにかすらせもしなかった。

そして4回裏の味方の攻撃。先頭打者は僕だった。

宇部の先発は古谷友宏だった。エースの田上昌徳はレフトに下がっていた。名将と言われた玉国光男監督がずっと2番手に甘んじていた古谷を、最後のこの場面で先発に使ってきたのだ。試合開始2時間前に玉国監督から先発を告げられ「緊張して食事も喉を通らなかった」という古谷のコメントを新聞で読んだけれど、マウンド上の古谷に怖《お》じ気《け》づいた様子はまったくなかった。堂々とした先発投手だった。僕のすべての打席で真っ向勝負をかけてきた。

1回裏の最初の打席は僕が負けた。2アウトランナー二塁の場面で、センターフライに打ち取られた。今度は負けるわけにはいかなかった。

桑田が苦しんでいた。待ってろ、この一振りで楽にしてやる。

バッターボックスに入り、軽くスイングを繰り返してリズムを取った。

古谷の呼吸に、自分の呼吸を合わせる。

グラウンドの熱さはもう感じなかった。古谷だけが見えていた。

カウント2―1、ファールをひとつ打った後の5球目、内角への力の入ったストレートだった。

強引に打ち返した。

打球はレフトスタンド前のラッキーゾーンに一直線に突き刺さった。

この甲子園で4本目のホームランだった。

テレビ中継ではアナウンサーが清原が藤井の記録に並んだと叫んでいたらしいが、その時の僕には記録なんてどうでもいいことだった。桑田のピンチは続いていたのだ。

このホームランで同点に追い上げ、続く5回裏の攻撃でさらに1点を上げ、PL学園が2対1と逆転に成功したのも束の間、6回表で桑田は再び宇部商打線に捕まった。先頭打者の河村の痛烈なショートゴロで一塁を奪われる。次の田処を三振に打ち取ったところで、バッターボックスに立ったのは4番藤井。1―1のカウントで、外角に投げた速球を見事に打ち返された。センターの内匠が必死に下がる。あと1メートルか2メートル飛べばホームランになっていただろう。内匠はセンター壁際に落ちた難しい打球をなんとかさばいて送球したが、藤井は三塁に走り込んでいた。ランナーが一人帰って2対2。続く5番の田上のセンターへのライナーが犠打となって、藤井もホームに帰った。

藤井に続いて6番福島も桑田の打球をはじき返す。ヒットになってもおかしくない痛烈なライナーを、ショートの安本が会心のキャッチしてようやく3アウト。

長い6回だった。

2対3。宇部商に逆転されていた。

打ち明けると、このシーンは当時のビデオを観て書いている。二十何年も前の記憶はもつれた糸のように絡み合い、いくつものシーンが前後関係もめちゃくちゃに重なり合って脳味噌に納まっているからだ。

はっきりと記憶に残っているのは、あの日の午後の照りつける太陽、藤井の金属バットが発した甲高い音。スパイクが巻き上げる土埃《つちぼこり》の匂い、グローブの中の指を滑らせる生ぬるい汗……。そしてなによりも、マウンドに立つ桑田の姿だ。

桑田が打ち込まれていた。限界なんて、とっくに通り越していた。それでも桑田は胸を張って、必死で投げていた。

6回裏の味方の攻撃。

先頭打者が倒れ、1アウトランナーなしの場面で3回目の僕の打順が回ってきた。試合の山場だった。

ここで僕が打ち取られれば、流れは完全に宇部商業のものになる。打つことだけを考えていた。

打って、桑田を守ることだけを考えていた。
1球目から打つ気だった。
低いボール球に手を出しかけて、なんとかこらえる。
落ち着けと、自分に命じて深呼吸する。
古谷が振りかぶって、2球目を投げた。
真ん中、高め。
絶好球だった。腕も折れよと振り切った。
ギンッ。
バットの真芯で捉えた打球は、センター上空へ飛んだ。

バックスクリーン左横、観客席の中央へ白い軌跡を描いて飛んでいくそのボールの行方を目で追いかけながらゆっくり走ったことも、センターを守る藤井がスタンドのほうを見上げて呆然と立ち尽くしていたことも、三塁ベースの手前で思わず両手を差し上げていたことも、ずいぶん長い間忘れていた。
ビデオで観たあの試合は、自分の記憶とはどこか違っていた。

「さーあ、センターの藤井のところに飛んだ。藤井は見上げているだけだ。ホームランか、ホームランだ。恐ろしい。両手を挙げた。甲子園は清原のためにあるのか」

朝日放送の植草貞夫アナウンサーの絶叫も、あの時の僕の耳には届いていない。

自分でも胸のすくようなホームランだったし、頭が真っ白になるくらい嬉しくてたまらなかったのは事実だ。

けれど、テレビに映っているほど天真爛漫《らんまん》に喜んでいたわけではない。

僕たちは必死だったのだ。

2対3からそのホームランで3対3の同点に追いついただけで、試合の行方はまったくわからなかった。

あの気を失いそうになる熱さ、痺れるような緊張感、痛くなるほどの心臓の鼓動、マウンド上で死ぬんじゃないかと思うくらい、限界を超えて投げていた桑田への思い。そういうものは、記憶の中にしか残っていない。

試合を決めたのは、3対3のまま迎えた9回裏2アウトランナー二塁の場面で、主将の松山秀明が粘りに粘った8球目に放った右中間への強烈なライナーだった。ボールがライトの奥深くへ転々と転がる。二塁にいた安本が、三塁を蹴ってホームに突っ込んでくる。

ネクストサークルにいた僕は、バットを右手に高々と差し上げたまま、安本を迎えにホームベースへ駆け寄っていた。安本と抱き合う。ベンチの全員が集まってきていた。桑田が顔を歪《ゆが》めていた。胸と胸を合わせ、しっかりと抱き合った。ずっと心の底に抑えていたものが、涙になって一気にあふれ出た。お前はようやった、よう投げてくれた。

泣いても泣いても、涙は止まらなかった。

高校生活最後の夏、2度目の甲子園優勝だった。

あの涙は何だったのだろうと思う。嬉し涙には違いないが、どういう嬉しさだったのだろうと。優勝できたことはもちろん嬉しかった。けれど、桑田と抱き合ったあの瞬間に感じたのは、2度目の優勝とか全国制覇とか、そういう言葉にできるような喜びではなかった。高校3年間のすべての出来事、仲間と過ごした時間のすべて、敗北の悔しさも、勝利の喜びも、何もかもがあの瞬間に凝縮していた。

あんな風に、他の誰かとひとつになれたのは、それが最初で最後の経験だった。

それが最後だということを、もしかしたら僕は予感していたのかもしれない。

中村監督を胴上げしながら、僕の目を滲《にじ》ませたのはそういう涙でもあった。

甲子園の終わりは、夏の終わりでもあった。


その年も、僕は甲子園の土を持ち帰らなかった。

来年からは、一年に何回もここで戦うことになる。

そう信じて疑わなかったからだ。

脳天気にもほどがある。

人生には思い通りにならないこともある。むしろそのほうが多いのだということを、僕はまだ知らなかった。

いや、そういうことの前に、僕はパ・リーグの存在をすっかり忘れていた。

パ・リーグの試合では、甲子園球場を使わないのだ。

僕がセ・リーグのバッターとして甲子園の土を再び踏んだのは、それから12年後のことだった。

第3章

所沢

秋の鳥取国体が、高校時代の最後の公式試合になった。

準決勝で山梨県代表の東海大甲府に2対1で敗れたのだが、この国体で僕は中村監督の許しを得て、金属バットではなく木製バットを使った。高校生活最後の公式戦で、プロのバットでどこまでボールを飛ばせるか試してみたかったのだ。

気持ちはすでにプロ野球へと向かっていた。

プロ野球というよりも、ジャイアンツと言ったほうがいい。

1985年は、王監督の2年目だった。

その前の年に王さんがジャイアンツの監督に就任したときは運命だと思った。子供時代からの目標だった王選手が、ジャイアンツの監督になったのだ。

そして、その王監督が苦境の真っ直中《ただなか》にいた。1983年に藤田元司監督で優勝し、1984年に王監督が引き継いでから2年連続でジャイアンツは3位に低迷、マスコミもファンも世界の王を叩き始めていた。

僕が王監督を助けてやる。このバットでヒットでも、ホームランでも打って、ジャイアンツを勝利に導くのだ。おじいちゃんのタバコの煙を頭に浴びながら、一緒にテレビで観ていた頃の、あのジャイアンツの栄光を取り戻してやる。

密かに自分の心にそう誓っていた。


リトルリーグ時代から、野球に関して挫折《ざせつ》というものを知らなかった。

小学4年生で6年生のチームのレギュラーになり、それからずっとエースで4番を背負ってきた。高校に入って、ピッチャーになることこそ諦めたけれど、1年生のときから4番バッターの座は誰にも譲ったことがない。

僕がバットを振るのを見た人は、子供だけでなく大人までもが息を呑《の》むのがわかった。

バットのスイングスピードが、人並み外れて速かったからだ。

それだけは、誰にも負けない自信があった。

バッターにとってスイングスピードは、ピッチャーにとっての球速のようなものだ。

球が速ければ、いいピッチャーになれるというわけではない。

球速に恵まれなくても、それをカバーする技術があれば、優秀なピッチャーになることはできるだろう。けれど、球の絶対的なスピードはピッチャーの極めて強力な武器だ。技術のレベルが同じなら、球速のあるピッチャーのほうが有利に勝負を展開できることは言うまでもない。

最高のピッチャーになるためには、球速の速さが不可欠なのだ。

バッターにもおそらく同じことが言える。

たとえば150キロの速球投手の投げたボールが、指を離れてからホームベースに到達するまでの時間は0・44秒。180センチのバッターボックスを通過するのにかかる時間はわずか0・04秒でしかない。ジャストミートのポイントに球が浮かんでいるのはさらにその100分の1以下の時間だろう。

一瞬よりも短いその刹那《せつな》にタイミングを合わせるスイングスピードがなければ、バットにボールを命中させることはできないのだ。だからプロのバッターのスイングスピードは少なくともみんなある程度以上には速い。

スイングスピードが速ければ、それだけで強打者になれるわけではないけれど、スイングの速さが強力な武器になるのはバッターも同じことなのだ。

しかも同じ角度でバットにボールが当たったなら、スイングスピードが速いほど、球は遠くへ飛ぶことになる。エネルギー＝質量×速度の運動方程式は、もちろん野球でも成立するのだ。

そのスイングスピードにかけて、僕は誰にも負けない自信があった。プロのバッターの中にだって僕より速い人はほとんどいないだろう。それは、テレビで野球の試合を観るだけでも、はっきりとわかってしまうことなのだ。プロのピッチャーの球をどれだけ読み切れるかは、やってみなければわからないことだけれど、桑田や中山の球筋を見極めるより2倍も3倍も難しいというわけではないはずだ。

そして自分は高校野球の覇者、ＰＬ学園の4番バッターなのだ。

世の中が騒ぐほど、記録を意識していたわけではない。けれど、それでもやはり春夏の甲子園で通算13本という、誰も達成したことのない記録は大きな自信になっていた。

バットにボールを当てて、腕を思い切り振れば、ホームランが打てるというわけではないのだ。1本や2本なら、あるいは打てるかもしれない。けれど、13本は無理だ。

　まして、1試合で3本のホームランを打つことなんて絶対にできやしない。それだけのホームランを打つには、バットを振ってボールに当てるというだけではない、言葉では説明のできない難しさがある。バッターボックスに立ってそれだけのホームランを打たない限り、本当の意味でそれを理解することはできないかもしれない。

　もしかしたら、それは桑田にすらわかってもらえないことかもしれない。バッターとしての僕を理解する人間は、野球界すべてを見渡しても、そうたくさんはいないのだ。

　驕《おご》った言い方なのはわかっている。けれど、あの頃の僕はそう思っていた。

　ただ、王監督だけはそれがわかるはずだ、と。

　王監督とお会いしたことはないけれど、監督はきっと僕のことを誰よりも深く理解してくれているに違いない。勝手にそう思い込んでいたのだ。

　ジャイアンツに入団して、優勝に貢献する。

　それが来年の自分の姿であり、王監督だってきっとそれを望んでいる。さすがに、そこまでは恥ずかしくて誰にも言えなかったけれど、心の底ではそれを信じていた。

「俺はプロ野球に行く。第一志望はジャイアンツや」

僕は桑田にそう言った。

桑田はプロに行く前に、大学に進学したいと言った。早稲田大学に入って、大学野球で修業した後、できればプロに行ってやりたい、と。

「そうか。それじゃ、プロと大学野球で、どっちが先にいい成績を出せるか競争しよう」

道は2つに分かれても、同じ野球の道を歩もうと2人で誓い合ったつもりだった。

僕が自信過剰になっていた理由は、スイングスピードだけではない。

11月のドラフト会議を前に、各球団のスカウトが学校を訪ねてくるようになった。ほとんどすべての球団が、僕に関心を持ってくれていた。両親はセ・パ両リーグ、12球団すべてのスカウトの方に会ったと言っていた。

プロ野球の入団と言っても、それが高校生のひとつの進路問題であることには変わりない。まして、実際に入団することになれば、高校生の僕には想像もつかないような契約金の問題も絡むことになるわけだ。野球部の部長や監督が、学校を訪ねてきたスカウトの方たちとの面会に、僕だけでなく両親を同席させるのは当然のことだった。

少しだけ、横道にそれる。

自分の両親について、誇りに思うことがひとつある。

それは今の話よりも少し後、プロの球団に入団することが決まって大阪を離れるときのことだ。父が、僕にぽつりと言った。

「和博、俺はな、一所懸命働いて1日1万円や。それだけは心してプロに入ってくれよ」

多くは語らなかったけれど、何を言いたいかはよくわかった。父は20年もそうやって1日1万円の仕事に汗をしながら、僕や家族を養ってきてくれたのだ。1日1万円のお金を稼ぐことが、どれだけ大変なことか。そういうことを、息子に忘れて欲しくなかったのだと思う。巨額の契約金を提示されたときも、両親は喜ぶよりもむしろ心配した。息子が金に踊らされるような人間になることを、恐れたのだと思う。

ちなみにその運命のドラフト会議があった1985年という年は、いわゆるバブル景気が始まった年でもあった。

プロに入って2年、3年と経つと、僕の年俸はどんどん増えていった。世の中はバブルの真っ盛り、不動産も株も買いさえすれば値段が上がるという時代になっていた。NTT株が売り出されると同時に高騰したりして、株だの土地の売買だのをやらなきゃ損だみたいな話をする人が、僕のまわりにもたくさんいた。

年俸が上がれば払う税金も信じられないくらい高くなる。

節税のためにも、投資をするべきだと言われれば、世の中をよく知らない僕は、あそうかと思うしかなかった。

それで、両親に相談した。

一人前の社会人になって親に相談するなんてと可笑《おか》しがる友達もいたけれど、僕は子供の頃からずっとそうだった。「ほれ見てみい」と言われ続けて成長したのだ。その習慣を変えるつもりはなかったし、その時も相談して救われた。

「僕も節税を考えなならんから、投資でもしてみようと思うんや」

僕がそう言ったら、父がいきなり怒り出した。

「和博、お前なんのためにプロ野球に入ったんや。あんなに朝から晩までバットを振り続けたのは、金儲《かねもう》けのためやったんか。野球選手がそんなこと考えてどうする。お前の節税というのは、そういうことやない。お前の節税はな、ヒット一本、ホームラン一本打つことや。株を買うとか、不動産を買うとか、なんでお前にそんな必要があるんや。ヒット打ったらええんちゃうか？　ホームラン打ったらええんちゃうか？」

冷静で温厚な父が、顔色を変えていた。

返す言葉もなかった。父の言う通りだったからだ。

金は額に汗して稼ぐもんやという父の潔癖さを、世の金持ちは笑うかもしれない。けれど僕はそう言われて、目が覚めた気がした。父が町の電気屋なら、僕は町の電気屋の倅《せがれ》なのだ。僅《わず》かの金で自分は何を舞い上がっていたのだろう。

それで、周りにはずいぶん勧めてくれる人もいたけれど、株にも不動産にも一切手を出さなかった。手を出していたら、両親から「ほれ見てみい」と、嘆かれたに違いない。

僕がいわゆる贅沢を一切しなかったとは言わない。

言い訳するつもりではないのだが、クルマ好きは父譲りだ。

父はスカイラインに乗っていた。子供の頃はよくそのクルマを〝運転〟させてもらっていた。父の腕に抱かれてハンドルを握り、ギアチェンジをしたり、ハンドブレーキを引いたりしていたのを憶えている。その頃から、いつか自分でお金を稼げるようになったらクルマを買いたいと思っていたから、クルマだけは贅沢をさせてもらった。

初めてフェラーリを買ったのは21歳の時だった。

自分で稼いだお金で、自分の好きなモノを買って何が悪いという人もいる。それはその通りだとも思うのだけれど、そう思う一方で、高価なクルマを買うことに、どこか後ろめたさを感じる自分もいる。そう言いながら、選手時代の23年間で25台もそういうクルマを買ってしまったのだから世話はない。それでも、そのことを「何が悪い」と完全に開き直ることはできないのだ。野球選手という夢の仕事をしている間だけの、束の間の贅沢だからと自分に言い訳しながら乗っている。「何が悪い」と開き直る人間になりたくない。

それは、母のおかげだ。

そのフェラーリに乗って実家に帰ったとき、僕はちょっとばかり得意な気分だった。故郷に錦を飾ると言ったら言い過ぎだけど、なにしろフェラーリなのだ。僕もこんなクルマが買えるようになったんやでと、誇りたい気持ちがどこかにあった。

母親はそういう僕の天狗の鼻を、一刀のもとに切り捨てた。

「なんや、このクルマは。派手やなあ。なんていうの？」

「フェラーリ」

「ああ、フェアレディか。それならお母さんも聞いたことあるわ」

「いや、フェラーリだよ」

「そやから、フェアレディやろ」

フェラーリ好きの人にも、フェアレディ好きの人にも申し訳ない話だけれど、母にとってはフェラーリもフェアレディも同じなのだ。

「それで、なんぼしたん？」と続けて質問したのは、大阪人の習性のようなものだが、僕には答える勇気がなかった。値段を知ったら、思いっ切り僕の心が傷つくようなことを言い出すに決まっていた。母は最強の大阪のおばちゃんなのだ。

母はいまだに「フェアレディ」と言っている。

父は今年、71歳になった。引退してもいい年齢だけれど、元気な間は子供の世話になる気はないと言って、今も『清原電気商会』の看板をあげて仕事をしている。

「お前はお前、俺は俺や。お前がいくら稼ごうと、俺は俺の仕事をするだけや」

なんてカッコいい男なんだろうと思った。

それで、慌ててこう言った。

「なに偉そうなこと言うてるんや。町の電気屋のくせして」

憎まれ口を叩いた。大阪人の性《さが》だ。憎まれ口は叩いたけれど、そういう父と母の息子であることを、僕はなにより誇りに思うのだ。

僕の両親には、何と言えばいいか、町の人間ならではのしっかりと地に足のついたモノの考え方があった。

将来の進路を決める大切なこの時期に、僕は人生で最大の挫折を経験する。僕がなんとか迷いを乗り越えて、前に進むことができたのは両親のおかげだと思っている。


話を元に戻そう。

12球団すべてが、父と母に会いに来たということは、すべての球団が僕に興味を持ってくれたということだと僕は思い込んだ。

「もしウチが1位指名したら、来てくれますか？」

まるで挨拶のように、みんなから聞かれた。

実際、それはただの挨拶みたいなものだったのだ。

それが僕にはわからない。

指名しますよと言われたのも同じと思った。

ジャイアンツのスカウトの方にも、監督や両親と一緒に何度も会った。

同じことを言われた。

「はいっ。よろしくお願いします」

父と母と3人で頭を下げた。

嬉しくって飛び上がりそうだった。

ジャイアンツは俺を指名してくらはるつもりや。

指名してもらったからといって、必ずその球団に入れるわけではない。

複数の球団が指名した場合は、抽選で交渉権を獲得する球団が決まる。12球団すべてが指名すれば、確率は12分の1なのだ。意中の球団でなければ、こちらは入団を拒否することもできる。ドラフト会議にかけられる側にとって残酷なのは、その場合、次のチャンスは3年後にしかやってこないということだ。

3年間、プロ入りの時期が遅れるわけだ。これは、難しい選択だ。

難しいけれど、あの時の僕の気持ちを正直に言えば、ジャイアンツがクジ引きで負けて交渉権を獲得できなかったとしても、3年間待つつもりだった。プロ野球入りを諦めて実業団で野球をやろうと思っていた。3年後にジャイアンツが再び僕を1位指名してくれる保証はないし、指名してくれたとしても、また交渉権を獲得できないかもしれない。

それでも、ジャイアンツで野球をするという夢にかけたかった。3年待つくらい何でもないと思った。バカ正直にもほどがある。

スカウトの人は「もし指名したら」と言ったのだ。

その「もし」の意味を、深く考えなかった。

1985年、11月20日。

ドラフト会議の日がやってきた。

僕は教室で授業を受けていた。もちろん、上の空だ。居ても立ってもいられなくて、こっそり教室を抜け出し、高校の建物のそばにあるPL教の2代目の教祖さんが眠る墓所に向かった。

大昔の墳墓のように、こんもりと小山が盛り上がったようなその場所は、いつも丁寧に手入れが行き届いていて、空気までがすがすがしい気がする。

野球をするためにPL学園に入ったわけで、僕はとても熱心な信者とは言えない。

けれど悩み事があると、なぜかそこに足が向いた。

「神仏は尊ぶものにて、頼むものにあらず」

宮本武蔵はそう言ったという。吉川英治の小説では、決戦の場に向かう武蔵が、神社の前で思わず勝利を祈願しようとした自分を戒めて言ったことになっている。

頼むべきは、自分の力だけなのだ。

そういう人間になりたいと僕も思う。

だけど、僕という人間はそこまで強くない。

その墓所に通じる道を降りたところで、僕は目をこすりそうになった。

向こうから、父と母が歩いてくるではないか。

どうして、今頃こんな場所にいるのだろう。

実家から、クルマで1時間以上はかかるのだ。

「お前が、巨人に入れますようにって、お祈りしとこうと思ってな」

母がそう言った。

親子が考えることは同じだ。

それにしても、まるで約束していたみたいに、この時この場所で出会うとはなんという偶然の一致だろう。

偶然とはとても思えなかった。

俺がジャイアンツに行くことはきっと宿命なんや。

不安な気持ちが嘘のように晴れていた。

奥津城《おくつき》というその場所で、親子並んで手を合わせた。

「ジャイアンツが一番クジを引いてくれますように」

そう祈っても意味はなかった。

ジャイアンツは、クジを引く必要がなかった。


その知らせを聞いたのは、確か3時間目の授業中だった。

一瞬、何を言われているのかわからなかった。

僕は6つの球団から1位指名を受けた。けれど、その中に読売の文字はなかった。

ジャイアンツが指名したのは、桑田だったのだ。

胸が苦しかった。息をするのが苦しくて、気がついたら学生服のカラーを両手で引きちぎっていた。

校長室に呼ばれて、詳しい説明を受けた。両親も一緒にいた。

テレビでドラフト会議の中継を観た。すでに結果は出ていたから、もしかするとあれは録画だったのかもしれない。

王監督をはじめとして、球界の大物たちの顔が並んでいた。雲の上のような場所で、神様のような人たちが僕の運命を決めていた。その光景が、ひどく現実離れして見えた。

僕は、6つの球団から1位指名されたらしい。

南海、日本ハム、中日、近鉄、西武、阪神。

高校生に6つもの球団の指名が集中したのはドラフト史上初めてだと誰かが言っていた。

試験に落ちた受験生のような気持ちでその言葉を聞いていた。

抽選が始まった。6人の男が、当たりが1枚だけ入った6枚の茶封筒を引いた。シーズンの成績の下位から引くことになっていたから、最後に引いたのがその年優勝した阪神だということだけはわかった。けれど、茶封筒の中身を確認して、勝ち名乗りを上げるように力強く右手を挙げたのは、最後から2番目の人だった。

（ああ、阪神でないことだけは確かや）

その人が手を高々と差し上げたとき、僕はこの人はいったい誰だろうと思った。西武ライオンズの根本陸夫管理部長の顔を知らなかったのだ。

そもそも、西武という球団のことをよく知らなかった。関西に生まれ、関西で育った僕は、テレビ中継でもロクに西武の試合を観たことがなかった。西武って、いったいどこにあるんやろ。埼玉県？　埼玉県ってどこや？　東京にさえ、1回しか行ったことがないのだ。シニアリーグのとき、神宮球場で戦った経験があるだけだ。

ぼんやりと、そんなことを考えていた。

感情は何もなかった。

ビデオの停止ボタンを押したみたいに、心の働きが停まっていた。

「読売　桑田真澄　投手　ＰＬ学園高校」

ドラフト会議の司会の人が、甲高い声で指名選手の名を読み上げる声が繰り返し頭の中で響いていた。

母が大泣きしていた。

僕のかわりに泣いてくれていた。


学校が記者会見の席を用意していた。

桑田と僕は別々の部屋だった。

頭が真っ白になったまま、その席に座らされた。

何十人ものマスコミがいた。

どんな受け答えをしたかよく憶えていない。

西武ライオンズという球団をどう思うかと聞かれた。

入団する気はあるのかと聞かれた。

巨人が桑田を指名したことをどう思うか聞かれた。

考えまいとしていたことが、一気に噴き出した。

なぜ僕がいくつもの球団に指名されて、桑田はただひとつなのか。

桑田が大学進学の決意を表明し、来季のプロ入りを拒否したからだ。早稲田大学に野球推薦で入学すると宣言していた。ドラフト会議の前に、プロ入りを希望する3年生は野球部に退部届を出すことになっているのだが、進学希望の桑田はそれもしていなかった。だから、どの球団も桑田を指名しなかった。

その桑田を、なぜジャイアンツが指名したのか。

いやそんなことよりも、桑田はなぜそのことを僕に黙っていたのだろう。

ジャイアンツが志望なら、なぜ自分もジャイアンツに行きたいと、僕に言ってくれなかったのか。

「どっちがジャイアンツに指名されるか競争や！」

そういう話だったら、僕は桑田を祝福すらした。

「おめでとう。悔しいけど僕の負けや」

そう言ってやりたかった。

正々堂々の勝負なら。

いちばん傷ついたのは、ジャイアンツに指名されなかったことよりも何よりも、そのことだった。

あの甲子園の戦いは何だったのか。

抱き合って涙を流した、あの瞬間は嘘だったのか。

この俺に嘘をついてでも、ジャイアンツに入りたかったのか。

「巨人の1位指名は桑田や！」

その知らせを聞いたとき、桑田が笑ったように見えた。

ドラフト会議の席では、王監督が笑っていた。

涙がこみ上げてきた。

何も言えなかった。

「巨人が桑田選手を指名したことをどう思いますか」だって？

そんなこと言えるわけないじゃないか。

そう思ったら、涙が止まらなくなった。

記者会見はそれで終わった。


考えれば考えるほど、悔しさがつのった。

いろんな噂が耳に入ってきた。聞くに堪えないような、ひどい噂もあった。

桑田は利口や。お前の人気を隠れ蓑《みの》にして、上手いことジャイアンツに入ったんや。そんなことを言う人もいた。

桑田が早稲田大学進学を取り消し、ジャイアンツと契約を結んだと聞いたときには、また小さなショックを受けた。心のどこかでは、桑田がジャイアンツを蹴るんじゃないかと期待していたのだ。今度のことはジャイアンツが勝手にやったことで、桑田には何の関係もないと思いたかった。

その微《かす》かな望みも絶たれた。

こんなことを文字にしたくはない。

僕はあの時、桑田を憎んでいた。

そして、僕に桑田を憎ませることになった、王監督を憎んだ。

それがかなわぬ夢となって、王貞治という人が自分の中でどれだけ大きな存在だったかを改めて思い知った。王選手が目標だった。ジャイアンツに入って優勝に貢献して、王監督を助けたい。そう思ったのも本当だ。けれど、もっと正直なことを言えば、僕はあの人の前でホームランを打ちたかった。あの人の目を見張らせたかった。

自分がホームランを打てば打つほど、僕は王貞治というバッターのすごさを理解した。

あの人の本当のすごさが理解できるのは、自分しかいないと密かに思っていた。そしてそれは、あの人もまた同じであろうと思ったわけだ。

この世で自分を最も理解するはずのその人と、僕は勝負がしたかったのだ。

僕が巨人入りを熱望していることは王監督も知っていたはずだ。それだけで、王監督なら同じバッターとして、僕の密かな思いを理解してくれると信じていた。

けれど、そんなことは僕の勝手な思い込みだったのだ。

王貞治という人は、今や選手ではなく監督だった。2季続けて優勝から遠ざかり、チームの立て直しに必死になっていた。ドラフト会議で指名したのも1位の桑田から4位の広陵高校本原正治まで、すべてピッチャーだった。ジャイアンツが必要としていたのは、野手ではなく投手だった。

最高の投手を手に入れるために、なりふり構ってなどいられなかったのだろう。

高校生の勝手な思い込みなんかに、気づくわけもないのだ。読売巨人軍を率いる監督にとって、それはもちろん気づく価値もない些細《ささい》なことだった。

よく考えれば、そんなことは当たり前なのだ。

それがわかればわかるほど、悔しさがこみ上げてきた。

非情な大人の論理で、いちばん大切な友人との仲を引き裂かれたのだ。

誰より信頼していた友人に、恋い焦がれた人を奪われたのだ。

2人から同時に裏切られたのだ。

「そういうことやないよ」

いつも冷静な父は言った。

「何があったかなんて、お前にはどうでもいいことや。巨人が望んだのが、桑田君だったというだけのことや。桑田君は昔から巨人ファンやった言うやないか。その巨人に指名されたら、行くのは当然のことやろ。桑田君は巨人でがんばったらええんや」

母は父のように冷静ではいられなかった。もしかしたら、僕よりも悔しい思いをしていたかもしれない。母は子供のためなら、鬼にでも蛇にでもなると平気で言う人だ。僕よりも激しく泣いたし、僕よりもずっと怒っていた。僕を獲る気がないなら、会う必要なんてなかった。巨人は清原に興味があるという噂を流しておいて、いわば僕を出汁《だし》にして、何の競争もなくまんまと桑田を獲得したのだ。一緒になって怒り、泣いて泣き尽くして、そして僕よりも早く立ち直った。

「和博、何をいつまでめそめそしてるの。あんたは失恋したんやで。あんたが勝手に片思いして、失恋したんやから。その傷は自分で癒《いや》すしかないんよ。お母さん、もう巨人ファンやめるわ。今日から西武ファンになる。悔しかったら、西武でがんばって、この人を見返してやったらええやないの」

母はそう言って、一枚の写真を僕の目の前に突き出した。

表現もトーンも正反対だったけれど、両親の言っていることは同じだった。

2人の言う通りなのだ。

母が言ったように、僕はただ失恋したというだけのことなのだ。

失恋したら苦しいに決まってる。

だから、苦しいだけのことや。

そう思ったら、少しだけ気持ちが楽になった気がした。

こんなことに負けてたまるか。

負けたら、あの2人に笑われるだけのことや。

そう思うことができた。

そして、心に蓋《ふた》をした。

いつまで恨んでいても、何も始まらない。

王監督の写真を目の前に置いて、その日から毎日腕立て伏せを200回した。

そして西武に入団する気持ちを固めた。

ジャイアンツが指名権を獲得できなかったときは3年待とうと決めていたから、僕はある実業団から内定をもらっていた。３年間、アマチュア野球で修業するつもりだった。「申し訳ありません」と頭を下げて、その内定は取り消してもらった。桑田がジャイアンツで投げる姿を見ながら、３年間もじっと我慢できるわけがなかった。

卒業式で桑田と会ったとき、僕は桑田と目を合わせなかった。

桑田が何か言いたそうにしているのは気づいていたけれど、何も言わせるものかと思った。うんざりするくらいのマスコミが群がってきた。僕と桑田との２ショットをカメラに納めるまでは帰らないという意気込みだった。

卒業証書を片手に、握手させられた。

桑田の手の温かさには、何も変わりがなかった。

胸が痛かった。

僕はまた目をそらした。

西武ライオンズへの入団を発表したのは１９８５年12月12日のことだ。新監督の森祇晶さんと、記者会見に臨んだ。

背番号は3だった。

その翌日だったと思う。

両親と一緒に、球団の方々の案内で所沢の西武球場を見学に行ったとき、僕はちょっとはしゃぎ過ぎていたかもしれない。風邪の熱が下がったばかりの子供みたいなものだ。

西武球場は想像していたよりも、遥かに巨大で美しい球場だった。鬱々《うつうつ》とした曇り空に、太陽の光が一筋差し込んだような気がした。

「うわ、すごいええ球場やん」

僕は目を輝かせていたと思う。

球団の人が、ガクッとずっこけた。父が笑っていた。

「あんた、皆さんに失礼やないの。何、その偉そうな態度は」

小声で叱る母も、苦笑していた。

大人たちは、腫《は》れ物をあつかうような気持ちだったのだろう。

西武にしてみれば、指名して泣かれたのだ。怒っても当然なのに、球団はどこまでも僕に気を遣ってくれた。新宿から所沢まで僕たち家族を送り届けるために、西武新宿線のレッドアロー号をまるでお召し列車みたいに貸し切りにしてくれさえしたのだ。

泣くほど嫌がっていた高校生が、球場を見たとたんに嬉しそうな顔をしている。ずっこけるのも当然だった。おどけた仕草が、場を和ませた。球場の素晴らしさにも感動していたけれど、そういう球団の人たちの優しさが心に染みた。

ここが自分の新たな戦場なのだと思った。

学生服に革靴のまま、バッターボックスに立った。

グラウンドでは何十人もの記者がカメラを構えていた。

その前で、バットを振った。

広報担当の方がトスを上げてくれた。

木製バットでボールを打つ音は、金属バットよりも地味だ。カシュッ、カシュッ。鈍い衝撃音を残して、白いボールが外野の空に舞い上がっていく。

ピッチャーが投げた球ではないから遠くへ飛ばすのは難しい。それでもボールはワンバウンドして、スタンドに入った。

その一瞬、何もかも忘れていた。

忘れる瞬間はあるのだ。

傷が癒えたわけではない。

失恋とは、母もよく言ったものだ。

失恋の痛みは時が癒してくれる。けれど、その傷痕は残る。ましてそれが初恋なら、一生消えることはない。治りかけたカサブタに無意識に触れてしまうように、僕はこれから何度もそこに傷があることを確認することになるだろう。

西武に入団させてもらうことを決めたときから、ずっと心のどこかにそういう思いがこびりついていた。

どんなに楽しい時間を過ごしていても、ふと思い出すとそこにぽっかり真っ黒な穴があいている。かなわなかった夢は、心臓に突き刺さった小さな棘《とげ》だ。思いもしないときに胸をチクリと刺して、人生の喜びに水をさす。

何をしても、これからの人生では100パーセントの喜びは感じられないだろう。

18歳にして、そういう年寄りじみたことを考えていたのだ。

けれどその時は、そんなことさえ忘れていた。

カシュッ。

ボールが、大きな白い軌跡を描いた。今度は直接スタンドに飛び込んだ。

記者たちが興奮気味に囁《ささや》く声が聞こえてきた。

自分のいるべき場所に、ようやく帰れた気がした。


そんな感傷に浸って自分を哀れんでいられるのも、ライオンズのキャンプに参加するまでのことだった。プロのピッチャーは、ちょっとばかり甲子園で騒がれたくらいの高校生が想像するレベルを遥かに超えていた。

東尾修さんが投げるのを初めて見たとき、僕は度肝を抜かれるという言葉の意味を初めて知った。この人は、化け物かと思った。

指を離れた球が、次の瞬間にはキャッチャーミットで音を立てていた。

甲子園で豪腕と騒がれるようなピッチャーと比較するなら、球速そのものの差は、時速にしてせいぜい10キロくらいのものだろう。その差に目がついていかなかった。

絶対的な速度だけでなく、コースを突いたり、球種を投げ分けるテクニックも尋常ではない。しかもそれが東尾さんにとってはただの練習で、軽く肩を慣らしているという程度の鼻歌交じりのピッチングなのは明白だった。

怖さと言うよりは、目眩《めまい》を感じた。

頭はボールを打とうとしているのだが、カラダがボールから逃げていた。バットを振り抜くのではなく、ボールにバットを当てようとしてしまう。ピッチャーではなく、ボールを見てバットを振るから、スイングがどうしても小さくなる。

まったく打てなかった。

打てる希望すら見えなかった。

オープン戦が始まると、化け物が一人ではないことに嫌でも気づかされた。

カートに乗って遊んでいた子供が、いきなりF1のサーキットに連れてこられたようなものだ。自分が相手にしようとしていたのはとんでもない化け物たちだった。何がジャイアンツで大活躍して危機を救うだ。思い上がっていた自分が情けなかった。

高校生ルーキーが最初の年から活躍できるわけがないと言われていた理由がよくわかった。要するに大人と子供の対決だった。僕が岸和田リトルに入団してキャッチボールを始めた頃から、プロで活躍しているようなピッチャーを相手にしているのだ。下手をしたら僕が生まれる前からプロだった人もいた。赤子の手をひねるという言葉があるけれど、オープン戦での僕は完全にそういう仕打ちを受けた。

手をひねられる赤子は、意地を見せるしか他にやることがなかった。

オープン戦の最初の打席から、空気を切り裂かんばかりに、バットを思い切り振っていった。見物に来ていた観客から、笑い声が上がるくらいの大三振を2回もした。

球なんかロクに見えちゃいなかった。

今はまだ目が慣れていないだけだ。見えるようになったら、あんな球くらいピンポン球のように弾き返したる。

完全な開き直りだ。開き直るしかなかった。

プロの洗礼を受けたわけだ。

来る日も、来る日も三振を続けた。

オープン戦では結局、ホームランを一本も打てなかった。

プロの球速に追いつくために、素振りを毎日８００回していたから、手の平がボロボロになった。

体重も5キロ減った。

それでも、打てないものは打てなかった。

僕のプロ生活は、三振とともに幕を開けたのだ。

それから23年かけて、僕は球界の三振王になった。

最後の打席も、三振で幕を閉じた。

僕のプロ野球人生は、三振で始まって三振で終わったわけだ。

三振は恥ずかしい。こっちはホームランのつもりで何の力加減もせず、持てる力のすべてを込めて振ったバットが、スカッと空《むな》しく宙を切る。

勢い余ってカラダは半回転、下手すれば尻餅《しりもち》をつく。

バッターにとって三振は、永遠に恥ずかしいものなのだ。

けれど僕は、中途半端にポーンと当てて、セカンドゴロだのサードゴロに打ち取られるくらいなら三振のほうがよほどましだと思っていた。

同じ打ち取られるなら、フルスイングの三振のほうが気持ちいい。ピッチャーの狙い通りに詰まった内野ゴロを打たされてファーストに走っていると、罰走か何かをさせられているような気分になる。内野手は余裕で球をさばき、必死で走る僕を見ながら、のんびりファーストに球を送るに決まっているのだ。「ほれ、走ってる、走っててら」と、敵のチーム全員が囃《はや》す声が聞こえる気がする。

　そんな目に遭うくらいだったら、渾身のスイングで三振し、ピッチャーをひと睨みしてから、バッターボックスを悠々と離れるほうがよほど自分の性に合っている。バットにボールがかすりもしなかったとしても、もし万が一当たったらどこまで飛ぶやらと、ピッチャーが一瞬でもヒヤリとするくらいのスイングを見せてやろやないか。

　またそんなことを言うと、清原は野球とケンカを勘違いしていると言われそうだ。

　勘違いじゃなくて、本気でそう思っている。

　三振王にはなれても、三冠王になれなかったのはそのせいかもしれない。

　けれど、すべてが終わった今、それでよかったのだと心から思う。

　野球もケンカも、最終的には男の勝負なのだ。

　その勝負が、野球の面白さだ。

　野球をする人間にとっても、野球を観る人たちにとっても。

　バッターボックスに立つときは、いつだって相手をぶちのめす気で立っている。

　マウンドのピッチャーだって同じだろう。

　何の駆け引きもなく、剝《む》き出しの力と力で真っ正面からぶつかり合う。

それ以上の喜びは、この世にないのだ。

とは言っても、正真正銘本物のプロのピッチャーたちが、最初から僕を本気で相手にしてくれたわけではない。

僕の初ホームランは開幕2日目の南海ホークス戦だった。4対0とリードされて迎えた9回裏、2死の場面だ。6回表の守備から交代して出場したので、それがその日の2打席目だ。初打席はフォアボールだった。

初球から狙っていた。マウンドの藤本修二さんはダブルプレイを取ったばかりだし、点差も開いた9回裏、そして相手は昨日まで高校生だったバッターの2打席目だ。きっと甘い球が来るに違いない。

読みは的中した。内角ストレートだった。思い切り引っぱたいた。会心の打撃とは言えないが、バットの根元に当たったボールは、逆風をついて左中間スタンドに飛び込んだ。

3万人近い観客が割れんばかりの歓声を上げる中、凱旋《がいせん》将軍のような気分でベースを回った。正直、嬉しかった。ホームランなんて、当分打てないだろうと思っていたのだ。嬉しくて、跳び上がりたかった。いや実際、ピョンピョン跳んでいたと思う。

「味方の負け試合で、そんなに天真爛漫に喜ぶ奴があるか」

ベンチに戻って、怒られた。怒られても、嬉しい気持ちは隠せなかった。試合後のインタビューを受けたときは、目が真っ赤だったと思う。

ただの嬉し涙ではない。重圧から解放された安堵《あんど》の涙でもあった。オープン戦でのプレッシャーはすさまじかった。3万人の観客の視線が痛かった。純粋な西武ファンばかりではない。日本中を騒がしたドラフトで西武に入団したルーキーが、プロでも本当に通用するかどうかを観にきた人たちもたくさんいた。僕にはその期待が重圧だった。

僕が跳び上がって喜んでいるというのに、藤本さんは打たれたことを気にしていなかった。試合は4対2で南海の勝利に終わったのだ。その9回裏のホームランだ。試合後のインタビューでも、ルーキーへのちょっとしたプレゼントだと言わんばかりだった。ホームランよりも、その前の初打席で誘い球にも手を出さず、まるで老練なバッターのようにきっちり四球を見送ったことのほうが驚きだなんて話していた。

悔しいけれど、その通りだ。僕がホームランにしたのは、藤本さんの全力の球ではなかった。藤本さんだけでなく、歴戦の大投手たちは、めったなことでは僕相手に勝負球を投げようとはしなかった。投げる必要を感じなかったのだろう。

高校野球では見たこともないような球にきりきり舞いしていた。

村田兆治さんのフォークボールは今も思い出す。ホームベースの手前でワンバウンドするボールを空振りさせられた。50歳を過ぎても140キロの球を投げた村田さんの37歳の時のピッチングだ。とにかく村田さんの球は速い。あの剛速球を打ち返すために、こっちは振ると決めるしかない。そこへ猛烈なフォークを放られるわけだ。投げた瞬間にわからなくなる。ボールの軌道すら見えないのだ。

「こらっ、よけんかい」

阪急ブレーブスの大エース、山田久志さんに、そう怒鳴られたことがある。僕は肘《ひじ》にデッドボールを受けていたのだけれど、すみませんと頭を下げた。デッドボールを当てて怒るのだから、プロのピッチャーは恐ろしい。

「こらーっ」

「(当たりましたよ) 痛いんっすけど」

「だったら、よけんかい!」

まるでタチの悪い運転手だ。

サブマリンと渾名《あだな》された、アンダースローの山田さんの決め球は恐ろしくキレのあるシンカーだった。真ん中の絶好球と見極めて、僕はバットを振ろうとした。その真ん中に来たはずの球が、僕の肘に当たった。

山田さんはその内角へのシンカーを、僕の打席のここぞというときに使わなかった。

「18年も野球をやってきた人間が、18歳の子に打たれるわけにはいかんのですよ。シンカーを投げていれば、まず打たれることはない。打たれっこない。だけど、まだあのくらいのバッターに、持ち球は使いたくない」

山田さんはテレビのインタビューでそう言っていた。

僕はその時、山田さんからホームランを1本だけ打っていた。それはシンカーではなかったし、その後も、山田さんはなかなか伝家の宝刀を抜かなかった。

要するに、子供あつかいされたのだ。

子供あつかいされないためには、打つしかなかった。子供には決め球を投げられないと言うなら、投げざるを得なくさせるまでだ。打って打ちまくり、決め球を引き出して、その渾身の決め球を狙い打つ。それが僕の戦い方だった。

そのためには、どんな球にでも喰らいついていこうと思った。この時期、僕のことをダボハゼと渾名したピッチャーがいた。ミミズだろうが、ケムシだろうが、餌《えさ》と見ればなんでも飛びつくバッターというわけだ。自分の打ちやすいコースを待つのではなく、とにかくボールにバットを当てていく。何本もファールを打ちながら、タイミングを合わせていって、最終的には打ち崩すというスタイルだ。当然のことながら、カウントは追い込まれるから、失敗すれば三振ということになる。そのかわり、ピッチャーとしては、その追い込んだ場面で甘い球は放れない。どんな球でも打つ気でいる僕に甘い球を放れば、長打を浴びせられる可能性は極めて高くなる。決め球を投げるしかない。その決め球を、ダボハゼは待ちかまえているというわけだ。

決め球をホームランにするのは、もちろん簡単なことではない。けれど、一発でもそれをスタンドに叩き込んでおけば、その後の勝負が圧倒的に有利になる。ピッチャーとバッターの戦いは、お互いの心の読み合いでもある。負ければ終わりの高校野球と、長いシーズンを戦うプロ野球では、その心理戦の様相もかなり違う。いつもこれが最後という気持ちで、ぎりぎりの真剣勝負をしているわけではない。何度も戦っているから、お互いの力量も手の内もかなりわかっている。だからこそなおさら、ここぞという勝負の時に、相手を確実に打ち崩すには、どうしてもその前に決め球を叩いておかなければならないのだ。

相手ピッチャーが好調で味方が攻めあぐねているときの一発、敵を突き放すためのとどめの一発、そしてどうしても勝たねばならない試合での逆転の一発。

それを打つのが、４番打者の役割だと思っていた。

僕はまだ４番打者ではなかったし、子供あつかいのルーキーとしては少しばかり思い上がっていたかもしれないが、高校野球の激戦を４番バッターとして戦い抜いた記憶が僕を突き動かしていた。プロ野球のレベルは高校野球とは桁違いだったけれど、ただ一点、精神の集中という点では、高校野球に軍配があがる気がする。心臓も張り裂けるほど必死になって、球に喰らいついていくという場面は、プロの試合では1年の間にそう何度もあるものではないのだ。率直に言えば、生ぬるいと思ったことが何度もある。

それは何よりも自分自身がそうだったのだけれど、だからこそ代打でも何でも、バッターボックスに立つ限りは、甲子園の4番打者の気持ちでピッチャーに立ち向かった。

気負いもあったし、自分の技術や力量不足ゆえに空回りを繰り返した。

三振ばっかりで塁に出られないのなら、ボールに当たってでも塁に出るという気持ちだった。プロの内角攻めは厳しい。その際どい内角球から逃げていたら、どんどん差し込まれて、ストライクゾーンが小さくなるだけだ。逃げずに当たれば、次の打席が少しだけ楽になる。また同じ場所に投げ込めるピッチャーはまずいない。山田さんだって、そう何回も怒れないのだ。

ファールを何本も打ちながら、最後の一本をホームランにするのと同じように、三振を繰り返し、死球を喰らいながら、僕は少しずつプロのピッチャーの球に、自分の心臓のリズムを合わせていった。投げる。振る。投げる。振る。投げる。振る。

ピッチャーの指を離れたボールの軌道は、一筋の線となってキャッチャーミットに収束する。優れたピッチャーの投げるボールは、なめらかで美しい曲線を描く。その完璧な曲線は、完璧なスイングで迎え撃ったときにだけ、バッターのものになる。ピッチャーの魂の込められたボールが、その一点でバッターの意志と衝突し、正反対の方向へとねじ曲げられ、スタンド上空へと白い糸のような軌跡を残して飛んでいく。

それはバッターの描く曲線だ。

ただし、そのためにはピッチャーの投球のリズムに、自分のリズムが完璧に合っていなければならない。バッターの側から見れば、ピッチャーとのダンスのようなものだ。凡打と三振の山を築きながら、僕はダンスのコツを摑んでいった。

なんとか相手のつま先を踏まずに踊れるようになったのは、ルーキーイヤーも7月に入った頃のことだ。7月13日、藤井寺球場での近鉄との第14回戦、3回表に村田辰美さんの球をスタンドに打ち込んだ。ライトスタンドだった。さらに続く第3打席で村田さんと交代した久保康生さんからも、レフトスタンドへのホームランを打った。

この日、西武打線はパ・リーグの首位を走っていた近鉄から6点を奪い、勝率でゲーム差なしの4厘差にまで迫る。しかもマウンドに立った工藤公康さんは完璧な投球で、9回1死までフォアボール以外のランナーを出していなかった。あと一息でノーヒットノーランを達成するという試合だったこともあって、翌日のスポーツ新聞は西武一色だった。

僕にとっては、プロ入りして初めての2打席連続ホームランだ。その2本目のホームランが、僕のシーズン10本目のホームランになった。王さんはルーキーイヤーに7本しかホームランを打っていない。18歳ルーキーの二桁ホームランは、27年ぶり5人目の記録という話だった。

プロの名だたる投手たちのリズムに、自分のスイングのリズムが同期し始めていた。ファン投票の1位に選ばれて出場したオールスター戦でもホームランを打ち、8月には8本、9月には9本のホームランを打った。

そして10月7日、森監督が僕を4番に据えた。

バッティングコーチから「今日は4番で行くぞ」と告げられたのは、確かベンチ裏のトイレで用を足していたときだった。出かかっていたものも止まるくらい嬉しかった。

その日、僕はプロになって31本目のホームランを打った。

まあだからと言って、ルーキーにとって年季の入ったプロ野球選手が一筋縄ではいかない相手であるのも事実ではあった。

この年、西武ライオンズはリーグ優勝を果たし、日本一をかけて広島カープとの決戦に臨む。僕はルーキーの4番打者として、津田恒美さんと達川光男さんのバッテリーと対戦することになった。打席に入るときはプロの礼儀としてキャッチャーに挨拶するものなのだが、僕は初めての日本シリーズで緊張して挨拶を忘れてしまった。

「おう、清原。挨拶ないのう」

達川さんが、ドスのきいた声ですかさず声をかけてきた。

「あっ、初めまして。清原です、よろしくお願いします」

「おう。じゃ、行くぞ」

達川さんの一言で、僕は完全に達川さんのペースにはまった。

第2戦目、達川さんは恐るべきことを言った。

「おう、清原。全部、真っ直ぐじゃけえのお」

すでに勝負のついた試合ではない。日本シリーズの大舞台、1点を争う緊迫したゲームなのだ。僕は嘘やろと思いながらバッターボックスに立った。

ところが、津田さんは本当にストレートで勝負してきた。全部真っ直ぐ。ボールにバットをかすらせることすらできなかった。

おっそろしい世界に来てしまったものだと思いながらも、そういう場面に立つと、心の中で何かがメラメラと燃え始めた。
これこそ、俺のいるべき世界だと思った。

広島との日本シリーズは、第４戦目から４連勝という奇跡の大逆転で西武が日本一に輝いた。プロに入って最初の年に、２度のビールかけを経験したわけだ。オールスター戦にもファン投票1位で出場してホームランを打ち、日本シリーズでも第６戦で七色の変化球の大野豊さんからホームランを打って優秀選手賞を頂いた。そして、その締めくくりとして１９８６年の新人王に選ばれた。

プロ野球選手になって、これ以上は考えられないような栄光の中に僕はいた。プロ入り1年目の僕の成績は、ホームラン31本、打率３割４厘。日本プロ野球史上でそんな成績を残した18歳のルーキーはいない。清原は誰にも成し遂げたことのないことを成し遂げたと騒がれた。

けれど、どんな成績を残し、どんな賞をもらうより、僕の心に残った一言がある。あれは何年目のことだろう。村田兆治さんが僕のところに寄ってきて、ぼそっと言った。

「なんでお前は俺の球はポンポン打って、二流三流のピッチャーの球は打たんのや」

ルーキーに決め球は投げられないなんて言うピッチャーはもういなかった。というよりも、ここぞとばかりに猛烈な決め球を投げ込んでくるようになった。その決め球をいかに弾き返すかが、バッターの勝負なのだ。


西武球場の裏に、多摩湖という湖がある。クルマの免許を取って、あちこちドライブするようになって、東村山という市が近所にあることを知った。

えっ、これはもしかして？　小学生の頃によく聞いた、志村けんさんの「東村山、庭先ゃ多摩湖」って、このことだったのかと、小さな発見をして喜んだり。清瀬市という標識を見つけては、ここが中森明菜さんの故郷なのか（僕は中森さんのファンだった）と感動したり。住めば都とはよく言ったもので、埼玉県がどこにあるかも知らなかったのに、いつの間にか埼玉県が第二の故郷のようになっていた。そして、西武ライオンズは僕のもうひとつの家族だった。

東尾さんや、工藤さんが僕の兄さんみたいなものだった。試合の後はずいぶん遊びにも連れていってもらったし、やんちゃ盛りの僕をかばってくれたのも彼らだった。

森監督は僕を信頼して下さって、スランプのときにも辛抱強く使い続けてくれた。そのかわり広岡達郎前監督譲りの管理野球で、選手の日常生活への注文はキツかった。まあ当時の西武は、なんと言えばいいか、無頼派揃いだったから、それも仕方がないことではあった。酷《ひど》い二日酔いで球場に現れて、吐きながら走り込んで酒を抜き、その夜の試合で完封勝利したり、ホームランを打ったりするような人がゴロゴロしていた。結果さえきちんと出していれば、むしろそれは格好いいことだという雰囲気が選手の間にはあったのだ。

そういうわけで門限破りの罰則は、極めて厳しかった。罰金が確か、50万円。それが門限破りを繰り返すごとに倍に増える。門限を3回破って、僕の罰金は200万円にまで跳ね上がった。当時の僕の年俸は、確か600万円くらいだったから、これはかなりキツイ。キツければ、生活を改めればいいのだが、それができるような年齢でもなかった。

4回目の門限破りが発覚して、罰金が400万円になったとき、僕はもう球団を辞めると駄々をこねた。とんでもない阿呆《あほう》だ。けれど、東尾さんはそんな阿呆をかばい、森監督と直談判してくれた。当時の東尾さんは年俸1億円を超えていたと思う。

その自分にとっても400万円の罰金は辛い。まして清原は年俸600万。なんとか、まけてやってくれないか、と。大エースの交渉で、僕はなんとかその罰金を免れたのだった。

工藤さんにも借りがある。1987年、プロ入り2年目の日本シリーズだ。相手は巨人。3勝2敗で迎えた第6戦、9回表。西武が3対1でリードしていた。マウンドには、工藤さんが立っていた。ファーストを守る僕の正面に、三塁ベンチで巨人軍を率いる王監督が見えた。この2年の間、ずっと心の底に押し込めていた感情が騒いでいた。怒りではない。あの時に感じた寂しさと、悔しさが塊になってこみ上げてくる。ショートゴロで2アウトになったところで、その塊を抑えきれなくなった。涙が噴き出していた。アウトひとつで日本一が決まるというその瞬間に、一塁手が涙を流していたのだ。セカンドの辻発彦さんが慌てて駆け寄ってきた。「清原、大丈夫か?」。「はい」と、答えるそばから、涙があふれていた。ドラフトの日の悲しさと、それを乗り越えてここまで来られた喜びが、ごっちゃになって、自分の感情をどうにもコントロールすることができなかった。

工藤さんの投げた球を、篠塚利夫(現・和典)さんが打ち上げた。センターフライだった。秋山幸二さんがしっかりと掴んで3アウト。巨人を倒して西武は2年連続日本一の座に輝いた。もう何も抑える必要はなかった。マウンドの工藤さんに抱きついて、思い切り泣いた。

「一塁方向にだけは打たせちゃいけないと、必死で投げましたよ。篠塚さんは左バッターだから、引っ張られたらすべてが台無しですからね。あの投球が、僕の野球人生でいちばん緊張したピッチングかもしれない」

工藤さんが、テレビのインタビューに答えて言っていた。

「あの涙、美しかったよなあ」

泣き虫の弟にどこまでも優しい兄だった。

野茂と初めて対戦したのは1990年4月、藤井寺球場だ。

野茂のプロ入り後、初めての登板だった。

1回裏、ノーアウト満塁で僕に打順が回ってきた。

野茂英雄というピッチャーのことを、僕はそれまでほとんど知らなかった。

出身は大阪、歳は僕のひとつ下。それでプロになるような選手なら、どこかで一度くらいは対戦しているはずなのだ。けれどリトルリーグ時代も、高校時代も、野茂という名前すら聞いたことがなかった。ノンプロ時代にソウルオリンピックで投げて、アメリカやキューバの強打者たちを、次々に三振に切り捨てたという話だけは聞いていた。

マウンドに立った野茂は、何と言えばいいか、とにかくでかかった。そのでかさにまず驚いた。身長は僕とほぼ同じ。そんな大きなピッチャーを見たことがなかった。そして、後にトルネード投法と呼ばれるあの独特なフォーム。そこから繰り出されるフォークボール。これが野茂英雄かと思った。こんなピッチャーが関西にいたことを、なぜ今まで知らなかったのだろう、と。

野茂のフォークもすごいけれど、もっとすごいのはあいつの魂だ。

ここでフォークボールを投げれば、僕は絶対に三振するという場面がある。フォークボールはバッターにとって、いちばん空振りしやすいボールだ。狙い球をストレートに絞っているところに、フォークを投げられたらまず打てない。フォークを投げれば勝負が簡単につくはずなのだが、野茂はそういう場面でフォークを投げない。

相手が待っているところに自分の球を真っ直ぐ投げ込んでくるのだ。

その場の勝敗だけにこだわるなら方法はいくらでもある。タイミングを外したり、クイックモーションで急に投げたりして、ストライクを稼ぐことはできる。けれど、野茂はそういうことをしない。あいつはしっかりと構えて、思い切り正面からぶつかってくる。打つか打たれるか、倒すか倒されるかの勝負を挑んでくる。

三振させられても、「俺の負けや」とすがすがしい気持ちになってしまうのだ。もちろん、心の中には次の打席では必ず打ってやるという炎が燃え盛っていたけれど。

野茂と対戦した最初のその打席は、僕の負けだった。

1回裏、ノーアウト満塁の場面で、野茂は勝負をかけてきたのだ。正直言って、なんじゃこいつはと思った。最後の勝負球はインハイのストレート。僕は大きな空振りをした。

それが野茂の壮絶なプロ野球人生で、最初に取った三振だった。僕はそれを名誉に思っている。その後、何度も野茂と戦った。ノーヒットノーランのかかった場面で、ストレート勝負を挑んできたこともある。その時は、僕が打ち返した。利口な人なら、なぜそんな場面で勝負をかけたのかと不思議に思うかもしれない。そうではないのだ。そんな場面だからこそ、野茂は勝負をかけなければならなかったのだ。

そういう男だったからこそ、メジャーリーグのヒーローになれたのだと思う。野茂の決め球は、たった2つ。真っ直ぐとフォークボールだけなのだ。ここぞというときに真っ向勝負をかけて、相手を力でねじ伏せたからこそ、野茂のフォークボールは何種類の変化球にも優る威力を発揮した。ピッチャーとバッターは、技術だけで勝負をしているわけではない。自分の全存在をかけて、心と心で勝負をしている。それは、日本もアメリカも変わりはない。だから、人は野球に魅せられる。そして、いくつもの名勝負が生まれ、アメリカの球場をあれだけ湧かせることになったのだ。アメリカで達成した2つのノーヒットノーランは、野茂の鋼鉄の魂が生んだ栄光なのだ。

伊良部秀輝も忘れられないピッチャーだ。

他の打者にはせいぜい140キロの球で適当に打たせてアウトにするピッチングをしていたのに、僕になったらほとんどムキになって三振を取りにくる。球速は150キロを軽く超えた。フォークボールまでが異常に速い。142キロのフォークを見たときは、さすがに唖然とした。目の前で球が消えるのだ。ゲームの野球盤の消える魔球と一緒だ。

そういう球を相手にしたら、こっちは思い切り振っていくしかない。

伊良部も伊良部で、最後はまた渾身のストレートを投げ込んでくる。しかも手を突き出して、ストレートを投げるよと宣言してから投げるのだ。

一球投げるごとに、球速は上がっていった。157キロ、158キロの球は、駅を通過する新幹線をプラットフォームの端に立って見ているようなものだ。

そういう勝負球にちょこんと当ててヒットを狙うなんて真似はできない。絶対にホームランにするつもりで、フルスイングするだけだ。全身の感覚で球筋を読み、そこしかない一点に向かって渾身の力でバットを振る――。

僕はそういう風にして、何十人ものピッチャーたちと戦った。

魂と魂とで戦った。

その戦いが終わった今、それが僕の人生にとってどれだけ貴重なものだったかということを、改めて考える。

戦うことでしか、わかり合えないことがある。百万の会話をするよりも多くのことを、たったひとつの勝負が教えてくれることはあるのだ。

もちろんプロ野球の勝負は、ピッチャーとバッターの勝負だけではない。チームの勝利のために、ホームランのかわりに犠打を打ち、送りバントをしたこともある。デッドボールを受けてでも出塁しなければならないこともある。優勝という目標に向かって、なりふり構わず戦うのもまた野球選手として生きる喜びだった。けれど、魂と魂をぶつけるようなあの戦いの瞬間がなかったら、僕はここまで野球を続けることはできなかった。

その勝負の一瞬のために、僕はバッターボックスに立ち続けたのだ。

こうして僕は18歳で入団した年の10月7日から、29歳までの11年間を西武の4番打者として戦い続けた。西武時代は間違いなく、僕の黄金期だった。7年目、8年目になっても打撃の主要タイトルを逃していたおかげで、無冠の帝王などと言われたこともあるけれど、それもあまり気にならなかった。

戦うときに考えるのは、相手に勝つことのみだ。記録という数字を目指して戦ったことは一度もない。優勝こそ、野球選手が手にする最高のタイトルだと信じて戦ってきた。そして11年間に、西武は8回リーグ優勝して6回日本一の座に輝いた。それこそが、僕の手にした最高のタイトルだと思っている。

ただ、年齢を重ねるごとに、焦りのようなものが心に湧いていた。

100号ホームランも、200号ホームランも史上最年少の記録だった。200号ホームランまでは、王選手を上回るスピードで打ち続けていたのだ。

残念ながら300号を打つ頃には逆転されていた。過去の記録に対して逆転されたと言うのも変だけれど、僕の意識としてはまさにそうだった。節目になるホームランを打つたびに、それがマスコミの話題になったということもある。けれど、僕自身も王さんのホームラン記録と心の中で比べていたのだ。王さんが300号ホームランを打ったのはプロ入り9年目の8月末のことだった。僕の9年目8月末のホームラン数は271本。29本の差をつけられていた。記録を意識して戦ったことはないとは言っても、やはりそれだけは心のどこかで意識していた。

王さんを超えるには、869本のホームランを打たなければならない。

それがどれほど尋常でない難行かは、プロとして10年の生活をする中で身に染みて感じていた。自分にはそれができると固く信じてはいた。信じてはいたけれど、それが並大抵の努力で成し遂げられることではないということもまたよくわかっていた。

王さんはその全盛期には10年以上にわたって毎年40本以上のホームランを打ち続けたのだ。僕はまだ一度も、年間40本のホームランを打てないでいた。

常勝西武の不動の4番バッターとしてのポジションには、もちろん何の不満も感じていなかった。西武ライオンズは入団したその日から、様々な面で僕に最大限の配慮をしてくれた。僕は恵まれていた。いや、むしろ恵まれ過ぎていた。

そのことが僕の心に一抹の焦りを生んでいた。

このままの自分でいいのだろうか。

自分はこのまま何の苦労もなく、西武の4番打者を続けていていいのだろうか。

プロ入り10年目にして、ＦＡの権利を得たとき、まず頭に浮かんだのはそのことだった。

そして、自分の夢を思い出したのだ。

僕は長いこと、自分の夢に蓋をして生きてきた。

ジャイアンツという球団への憧れは、ライバル心に変えたつもりだった。

西武時代の11年間に3度、日本一の座をかけてジャイアンツと戦った。１９８７年の日本シリーズでは勝利を前に不覚にも涙を流してしまったけれど、１９９０年にはそんな感傷に浸る暇すらなかった。第1戦、5対0。第2戦、9対5。第3戦、7対

0。第4戦、7対3。4勝0敗で西武ライオンズの完全勝利だった。僕はこのシリーズで1本のホームランも打たなかった。フォアボールばかりで、ロクに勝負をさせてもらえなかったのだ。

腑甲斐《ふがい》ない負け方に、熱烈な巨人ファンまでが「巨人の時代が終わった」と嘆き、パ・リーグの球団から、川上監督のV9から連綿と続いてきたジャイアンツへの苦手意識が消えた年なんて報道もあった。僕の中でもそれは同じことだった。あのドラフト会議からずっと尾を引いていた苦い夢も、これで過去になったと思った。

いや、過去になったと思い込んでいた。

西武での10年が過ぎてFA権を得たとき、まず心に浮かんだのはジャイアンツで野球がやりたいという、蓋をしたはずの昔の夢だった。もちろんジャイアンツが僕を必要としてくれたらの話だけれど、憧れの球団で野球をやれるかもしれないという希望がむくむくと心の中で頭をもたげたのだ。

ドラフト会議でのいきさつがあったから、今さらなぜジャイアンツに入りたいのかと不思議がる人がいたのも知っている。

上手く説明するのが難しいのだが、野球選手にとってのチームは、ファンの方が考えるチームとは少し違うのかもしれない。ファンにとっての野球チームは応援する対象だ。好きな監督や選手がいるから、チームカラーが好きだから、地元だから……。応援する理由はそれぞれに違うとしても、要するにそのチームが好きだから応援するのだと思う。

野球選手がチームを選ぶときにだって、そういう気持ちが働かないわけではないのだけれど、それが第一ではない。野球選手にとって、チームは何よりもまず自分が活躍するひとつの舞台なのだ。

若いミュージシャンが、「いつかは武道館でコンサートをしたい」というような夢を語ることがある。僕がジャイアンツで野球をやりたいという夢は、つまりその武道館コンサートにも似たものだった。

ジャイアンツの選手として活躍すること。

それがジャイアンツの試合をテレビで観ながら、祖父に「日本一の男になれ」と言われて育った僕の夢だった。

自由契約の権利を手にしたとき、その少年時代の眩しい夢を思い出したのだ。

だからといって、いきなりジャイアンツへの移籍を考えたわけではない。

夢と現実はまた別のものだ。夢をかなえるだけが人生ではないということがわかるくらいの分別はつく歳になっていた。

人生には夢をかなえることよりも大切なことがたくさんあるのだ。

西武ライオンズという球団から与えられた恩義に報いることもその大切なことのひとつだった。監督やコーチ、先輩だけでなく、フロントの人たちにも本当に良くしてもらっていた。オーナーの堤義明さんまでが、一選手に過ぎない僕に限りない愛情をそそいでくれた。

「娘を嫁にやる父親のような気持ちだったよ」

つい先日、堤さんとお会いしたときにそう言われた。

現役を引退して、真っ先にお会いしてお礼を言いたかった相手が堤さんだった。

東京プリンスホテルで、本当に久しぶりに堤さんとお会いした。FA宣言して西武を離れることを決めた1996年のシーズンオフの話になって、堤さんがまず言ったのがその言葉だった。堤さんはまさに父親のような気持ちで、僕を見守ってくれていた。

そういう恩義は、選手時代から身に染みて感じていた。傷心の僕を拾って、家族のような愛情で育ててくれたのが堤さんであり、西武ライオンズだったのだ。

そしてそれは僕が西武を去るときも変わることはなかった。

１９９５年のシーズンオフにはＦＡ宣言の権利を取得したのだけれど、この年は最終的にＦＡ宣言をやめた。10年経ったからはい出ますというのでは、僕の場合はあまりにも恩知らずな気がしたのだ。この年は、右肩を脱臼して戦線を離脱していたこともあって、チームに対して思うような貢献ができていなかった。もう1年間西武のために戦って、せめてもの恩を返そうと思ったのだ。

僕が西武ライオンズ球団事務所で小野代表とお会いして、コミッショナーにＦＡ宣言文書を提出するというお話をしたのは、１９９６年のシーズンオフ11月27日のことだった。

ＦＡ宣言して自由契約選手になるということは、国内外どの球団とでも契約交渉ができるということだ。もちろんその中には、西武ライオンズも含まれている。

西武ライオンズは破格の条件で僕を熱心に引き留めようとしてくれた。それでも僕の決心は揺るがなかった。夢をかなえるだけが人生の目的ではないのはわかっている。何が何でも次はジャイアンツと決めていたわけでもない。プロ野球生活11年目にして、もう一段階飛躍しなければと足掻いていた僕にとって、新しい球団に移籍することは、一から自分を鍛え直す最良の方法だという思いが、動かし難いものになっていたのだ。

僕の決意が固いことを知り、堤さんはオーナーとして「行かせてやりなさい」と球団の人々に言ったのだそうだ。「嫁にやる父親の気分だった」というのはそういう意味だ。

11月30日、西武との最後の交渉の席で、球団代表や1995年から西武の監督に就任していた東尾さんを前に、僕は畳に手をついて頭を下げた。「夢を追いかけさせて下さい」と言ったのだ。それは交渉決裂を意味していたわけで、お互いにぎごちない雰囲気になってもおかしくないところだけれど、そうはならなかった。代表も東尾監督も、目に涙すら浮かべて僕を送り出してくれた。西武ライオンズという球団は最後の最後まで、親身になって僕のことを考えてくれた。

現在の僕にとってそれはもう整理がついた問題だし、過ぎたことをあれこれ語るのは本意ではないのだけれど、その後の経緯を説明するために必要なことなので、敢えて言ってしまう。そういう西武ライオンズの温かさに比べて、ジャイアンツのフロントは何と言えばいいか、僕の目から見ればあまりにも官僚的だった。

ジャイアンツとの契約交渉の場は、東京の老舗《しにせ》ホテルだった。僕は約束の時間の10分前に約束の場所に着いた。案内されただだっ広い会議室には、まだ誰も姿を見せていなかった。ちょうど時間ぴったりか過ぎた頃に、「いやいやいや」と入ってきたのが、当時の読売巨人軍の球団代表だった。席に着くなり、ほとんど何の前置きもなしにだーっと条件の話をされた。現時点のジャイアンツでの評価はS選手が最高で年俸がいくらだから、君にそれ以上の年俸を払うわけにはいかない。最高年俸の2年契約でどうかな。

「それでウチに入りたいなら、入れてやるよ」という態度だった。

むかっ腹が立った。

「いや、ちょっと待って下さい」と僕は言った。

「その前に僕は心の整理をつけたいんです。そんな条件よりも、11年前のドラフトの時のことが僕の中ではまだ整理がついていないんです」

真剣にそう言ったつもりなのだが、伝わらなかった。

巨人軍の代表は「ああ、そんなこともあったたね」と笑ったのだ。

「もう、結構です」と言って、僕は席を立った。それ以上話したら、とても冷静でいられる自信がなかった。

母の一言がなかったら、僕はおそらくジャイアンツに移籍はしていなかった。

自分がどうすればいいかわからなくなって、僕は大阪の実家に帰った。ジャイアンツとタイガースの帽子を持っていた。

阪神からもオファーをもらっていた。吉田義男監督の「縦縞のユニフォームを横縞に変えてでも」という言葉が報道されたけれど、本当にその言葉に嘘はないと思えるほどの熱心な誘いだった。阪神側が提示したのは、それこそ度肝を抜かれるような条件だった。年俸は巨人の約3倍、しかも10年という長期契約で、さらにその先の身の振り方についての保障までがつけられていた。その内容を弁護士を介してオーナーと契約書をかわそうと言うのだ。

条件だけでチームを選ぶつもりは毛頭なかったけれど、僕にそれだけの条件を出してくれたという熱意に心を動かされていた。

「どっちが似合うかな？」

父と母の前で2つの帽子を交互にかぶって見せた。自分は、巨人と阪神のどちらに行くべきかと聞いたつもりだった。

そこで母親がこう言ったのだ。

「あんたの元々の夢は何なの。昔から、巨人に行きたかったんやないの。それを巨人の対応が悪かったのどうのという些細なことで、引っ繰り返してもいいの？　あんたの夢はそんなに小さなものだったの？」

その一言が、僕の目を覚ましてくれた。夢を実現することに比べたら、巨人軍の対応が悪かったなんて問題はどうでもいいことだ。阪神の人たちの気持ちは嬉しかったし、提示してくれた破格の条件や巨額の年俸に心を動かされなかったと言えば嘘になる。けれど自分が子供の頃に抱いた夢は、そういうものと天秤《てんびん》にかけられるようなものではないはずだ。

人生はたった一度なのだ。そのたった一度の人生で、ようやく夢を実現するチャンスが巡ってきたのだ。もう迷うのはやめようと思った。

ジャイアンツの一員となって戦うという、少年時代の夢にこの命をかけようと思った。

「何も考えずに僕の胸に飛び込んで欲しい」

永久欠番の背番号3まで用意して迎えてくれた長嶋茂雄監督の気持ちに感動したのはもちろんのことだけれど、そこに辿り着くまでには、まあそういう経緯があったのだ。


実を言えば、あの巨人との交渉の後、僕の携帯電話に何度も長嶋監督からの電話がかかってきていた。失礼なことは充分にわかっていたのだが、僕はその電話に出ることができなかった。長嶋監督と直接お話をしてしまったら、僕にはとてもお断りする自信がなかったからだ。お会いする前に、過去を整理しておきたかったのだ。

そしてそのことは、最終的には巨人軍オーナーの渡辺恒雄さんが見事に解決して下さった。渡辺さんが、僕と両親に面会を求め、「ドラフトの件は、お父さんお母さんにまで悲しい思いをさせて申し訳なかった」と、深々と頭を下げられたのだ。

これは余談だけれど、母はその謝罪よりも、渡辺さんの人柄に動かされた。

「あの方は、世間が言うような人やない。温かい心のある人や。私好きやな」

その後も、僕がジャイアンツで逆転ホームランを打ったりするたびに、渡辺さんは両親のところに「感動的なホームランをありがとう」と、感謝の手紙を送って下さっていたらしい。成績不振のときに渡辺さんの発言が新聞に載ることがあって、単純な僕は腹を立てたりもしたのだけれど、いつもは僕の味方の母が、その時だけは逆のことを言った。

「あんたの成績が悪いのは事実やし、人間やからはずみでそういうこと言ってしまうこともあるよ。それを、記者の人が大袈裟に書き立ててるだけや。お母さんな、渡辺さんは個人的にはずっとお前のファンでいてくれてると思うよ。それと、大組織のリーダーとしての立場はまた別のことや」

今にして思えば、母の言うことは正しかったのだ。

そして、11月24日の入団会見となる。

長嶋監督に着せて頂いたユニフォームについていた背番号は5だった。監督の気持ちは嬉しかったけれど、背番号3は長嶋さんだけでなく巨人軍全体の永久欠番だ。ジャイアンツで結果を出す前から、その背番号を背負うことはできないという思いがあった。ジャイアンツに移籍して、一から出直すという気持ちの僕に背番号3は不釣り合いだったのだ。

それにしても、巨人軍の一員になるということは、想像していたよりも遥かに大事《おおごと》だった。この入団会見のその日に、僕はそのことを思い知った。正直に言って「どえらい球団に入ってしまった」と思った。子供の頃からの夢がかなった日なのに、会見を終えてようやく家に戻ったときには、思わずため息をついた。

マスコミの包囲には高校時代から慣れていたはずなのに、そんな経験は何の役にも立たないほどの人に囲まれた。それまでに会ったこともない記者がたくさんいた。西武時代はニュースでもあくまでスポーツニュースだった。ジャイアンツのニュースは、そのスポーツという枠が外れていた。野球に関心のない人にとっても、ジャイアンツの動向だけはニュースになるのだった。

街をちょっと歩くだけでも、視線がまったく違う。それまでだって視線は浴びてきたけれど、それはあくまで野球選手に注がれる視線だった。ジャイアンツの選手になってからは、タレントか何かにでもなったような感じだった。西武時代の若い頃は、それこそ平気で顔をさらして友達と一緒に合コンにだって出かけていたのだ。そんなこと、とてもできるような雰囲気ではなかった。いつも誰かに見られていることを意識しなければならなかったし、それはプライベートはもちろん練習中でさえも同じだった。

西武の頃は練習はどこまでも自分のためのものだった。練習する姿をあまり人に見せるのは好きではなかったから、なるべく人目につかない場所でこっそり練習していた。巨人ではそれも許されなかった。キャンプ中ものすごい数のファンが集まった。特打《とくう》ちで盛大なホームランをかっ飛ばすのも、ある種の仕事のようなものだった。自主練習で走り込む姿さえ、テレビカメラで追いかけられるのだ。

そして開幕戦が始まってみれば、スタジアムに集まるファンの数も、歓声の大きさも桁違いだった。そういう場面だって経験したことがないわけではない。けれどジャイアンツの選手になったからには、年に一度や二度ではない。すべての試合がそうだった。信じられないほどの大歓声に送られてバッターボックスに入る。一挙手一投足がテレビカメラに写し出され、そのままリアルタイムで映像が全国のテレビに中継されていく。

それは確かに僕が子供の頃から夢見ていた晴れ舞台でもあった。けれど球場を満杯にしたファンから押し寄せる期待の巨大さは、想像を遥かに超えていた。

もちろんそれは、野球選手にとっては大きな励みだ。同じホームランでも、お客さんもまばらな外野席に打ち込むのと、満席の外野席に打ち込むのとでは手応えが違う。耳を聾《ろう》せんばかりの声援や拍手、太鼓や笛の音に包まれて、ダイヤモンドを回っているとアドレナリンがカラダを駆け巡るのがわかる。このお客さんたちのために、もっと大きなホームランを打ちたいと思った。いや、頭で思うのではない。いくら頭は冷静になろうとしても、カラダがそういう風に気負っていた。

けれどもまた、その声援は諸刃の剣のようなものでもあることも、最初からはっきり感じていた。結果を出せないときに、この声援がどんな風に変わるかを考えると、空恐ろしい気がした。桑田はルーキーの年に、2勝しかあげていなかった。ドラフトの問題もあったから、そのとき彼がどんな重圧を受けていたことか。わずか18歳にして、こんな場所で桑田は戦っていたのだと思った。

第4章

東京

桑田に対する当時の感情を、一言で説明するのは難しい。

あのドラフト会議の日から、昔のように話せなくなったのは事実だ。

西武時代の11年間は、日本シリーズやオールスター戦で、敵と味方に分かれて戦った。かつてのチームメイトとして、試合の合間に一言二言言葉をかわしたこともある。いやそれだけでなく、冗談を言って笑い合ったことだってある。ただ、あのドラフトのことにだけは、お互い絶対に触れようとはしなかった。

桑田が僕に向けて発している感情に気づかなかったわけではない。僕に直接言うことはなかったが、桑田はいつも自分の気持ちは高校時代と何も変わっていないのだと告げたがっているようだった。

試合で向かい合ったときは、いつも悲しいくらい男らしい真っ向勝負を挑んできた。キャッチャーのサインに首を振る。何度も、何度も首を振る。

なぜ首を振っているのかは、誰に聞かなくても僕がいちばん知っていた。キャッチャーが諦めて、直球のサインを出すまで桑田は首を振り続けるのだ。

そして、いつも渾身の球を投げ込んできた。僕がその球を何度打ち返しても、同じだった。俺を信じなくてもいい。この球だけは俺の真実なのだと叫んでいた。

三振したこともある。ホームランを打ったこともある。

そんな風にして僕と桑田は11年間、言葉ではない言葉で話してきた。マウンドの桑田が本気だったように、バッターボックスの僕も真剣に戦った。その真剣さに嘘はない。嘘はないが、他のピッチャーと戦うときとは微妙な気持ちの差があった。

スポーツ記者はＫＫ対決と騒いだけれど、僕自身はその表現に何かしっくりしないものを感じていたのだ。その違和感の理由に気づいたのは、忘れもしない１９９７年４月６日のことだった。


開幕戦から続いた、ヤクルトとの第３戦目。

僕がジャイアンツに移籍して、３試合目の戦いだ。

絶対に負けられない戦いだった。

ヤクルトに２連敗していたのだ。

優勝を狙うチームは、同一カードで3連敗してはいけない。まして、長いシーズンの開幕戦からの3連敗は、士気に関わる。絶対に避けなければならなかった。

前日までの試合で1本もホームランを打っていなかった。

この試合でヤクルトを叩き、ジャイアンツに勢いを取り戻すのが移籍早々4番に座った僕の仕事だと思っていた。

いやそれよりも、マウンドに桑田がいた。

桑田が661日ぶりに立つマウンドだった。

1995年の6月の試合中に右肘を負傷し、アメリカで左肘から靭帯を移植する大手術を受けて2年ぶりにようやく登板した、その最初の大切な試合だった。

マウンドに膝をつき、右肘をプレートに置いて頭を下げた。まるで何かに語りかけるように、そのままじっと動かない。桑田の耳には何の音も聞こえていないだろう。桑田はマウンドと話をしているから。あいつはいつもそうやった。ボールと話す奴なんや。

僕はその姿を、ファーストから見つめていた。

ピッチング練習を始めた。長いブランクがあったとは思えない、桑田らしい伸びのあるストレートがキャッチャーミットで小気味いい音を立てる。東京ドームの高い天井に巨人とヤクルトそれぞれの応援団の声援が谺《こだま》している。昨日まで感じていた、どこか余所《よそ》の国に来たような感覚は嘘のように消えていた。

バッターボックスに先頭打者が入り、キャッチャーとサインをかわした桑田が、ゆっくりと振りかぶる。観客の声が盛り上がる。そのとき、僕は長年感じていた違和感の正体を知った。（これや！）と思った。あの暑い夏の日、ＰＬ学園のユニフォームを着てピッチングする桑田の姿が脳裏にフラッシュバックした。

（これが、ほんとなんや）

桑田の指からボールが離れる。そこから先は、何が起きるかわからない。バッターがスイングする。僕は動き出す。白い球が飛ぶ。何も考えない。何千回、何万回繰り返したカラダの動きが、次に僕がいるべき場所、僕のするべき行動を教えてくれる。ランナーが走る。野手が球を取る。僕はグラブを突き出す。線審が右腕を上げる。１アウト。

俺と桑田は、こうあるべきなんや。ファーストにぱっとついて、マウンドを見るとそこに桑田がいる。桑田が振りかぶる背中を、僕が見ている。その関係が、いちばんしっくりくる。バッターボックスから桑田を見るのは、どうも何かが違うような気がして仕方がなかった。高校時代に刷り込まれたことか、それとも何かもっと別の縁なのか。

長い間のわだかまりは、きれいさっぱり忘れていた。ただ、必死だった。桑田が投げていた。桑田を守ることしか、考えられなかった。

2回裏の攻撃でジャイアンツは2点を先取したが、3回表の守りでヤクルトに1点を奪われた。2対1。これ以上、得点はやれない。桑田も必死だった。ヤクルトの山本樹のバントに、しゃにむに跳びついていた。観客から悲鳴のような声が上がる。2年前、桑田はこの同じ球場で同じようにピッチャー前の小フライをダイビングキャッチして、右肘の靭帯を切ったのだ。2年間のリハビリの原因になった怪我の記憶をものともせず、桑田は跳んだのだ。一瞬の躊躇《ちゅうちょ》もなかった。桑田は昔のままだった。待ってろ、俺が一振りで楽にしてやる。

その3回裏、2死で僕に打順が回ってきた。何も考えていなかった。考える必要はなかった。甲子園のあの日のように、バットを振り抜くだけだ。

ヤクルトのマウンドには、2番手の増田政行が登っていた。初球。内角への速球だった。迷わず振った。左中間のスタンドで人の波が揺れた。地響きのような大歓声が、東京ドームを揺るがしていた。僕の名を呼んでいた。歓喜がこみ上げた。ダイヤモンドを回りながらベンチを見た。長嶋監督が立ち上がっていた。新しい仲間たちが並んでいた。一番最後に桑田がいた。懐かしい表情だった。その顔は、俺は打つとわかっていたよと言っていた。

子供の頃だったら、どんなに良かっただろうと思う。大人のようなプライドや、相手への配慮なんて何もないから、聞きたいことがあったら素直に聞いていただろう。けれど僕はもう30歳になっていたし、それは12年も昔の話だった。今さら蒸し返しても何がどう変わるわけでもない。許す、許さないという問題ではないのかもしれないが、僕の中ではとっくの昔に〝許し〟ていたのだ。桑田がどんなことを話そうと、僕はそれを受け入れるつもりだった。けれど、桑田はそのことについては触れようとしなかった。そして桑田から話が出ない限り、僕から聞くべきことは何もなかった。あのドラフトの話は靴の中に入った小さな石のように、僕たちの間に挟まっていた。

桑田はジャイアンツの先輩として、何くれとなく僕を助けてくれた。2人で食事をしたり酒を飲みに行くこともあった。僕がジャイアンツに入団して、離れていた桑田との距離は縮まった。けれど、その小石のせいで、2人の距離が昔みたいにゼロになることはなかった。それはほんとうに些細な、小さな石のようなものなのに、どうしても取り除けなかった。

ただ、試合で戦っているときだけは違っていた。桑田が投げ僕が打っている間だけは、完全にPL時代の桑田と清原だった。あいつがマウンドで何を考えているかは、牽制を読むのと同じように100パーセントわかった。

桑田が阪神戦でめった打ちにされたことがある。

2001年の7月18日、甲子園での試合だった。

2ヶ月ぶりの先発出場で、桑田には期すところがあったのだと思う。

4回まで2安打無失点と抑え込んでいた。140キロ台の速球も回復していた。味方はその序盤で3点を先取していた。桑田が久しぶりに勝ち星を上げられるかもしれない。僕が内心喜んでいた矢先だった。桑田が打たれ始めた。

5回に1点、さらに6回に3点を奪われ、3点差を守りきれずに6回で降板させられてしまう。８本の安打を浴びていた。

桑田はすでに16年間も、巨人の背番号18を背負って投げていた。長い投手生活の間には打たれることもある。いつもの桑田だったら、それくらいのことでへこたれたりはしないはずだ。けれど、その日は様子がちょっとおかしかった。

それで、試合が終わって、ホテルに帰ってからあいつの部屋に上がっていった。そんなことをしたのは初めてだったけれど、妙な胸騒ぎがしたのだ。部屋には鍵もかかっていなかった。ベッドに座り込んで、ユニフォームの前をはだけたまま、項垂《うなだ》れていた。目の焦点もよく合っていなかった。

こいつやめる気やなと思った。僕は桑田に声をかけた。

「とりあえずユニフォーム脱げよ」

「うん」と桑田は言うのだが、なかなか動こうとしない。

「お前、まさか変なこと考えてんとちゃうか？」

「いやあ……」

僕はわざと大きな声を出した。

「お前がやめるときは俺が打席に立つ。それでお前の球があかんかったら、俺が言うたる。あんな阪神に打たれたくらいで、結果を出すな」

最後の介錯《かいしゃく》は俺がしてやるから、元気を出せと言ったつもりだ。僕に駄目出しされれば桑田は納得するはずだ。それは、自分がそうだからよくわかるのだ。桑田にプロで通用しないと言われたら、僕はすぐにでもユニフォームを脱ぐだろう。

桑田の目に、ようやく生気が戻るのがわかった。

「そんな格好しとらんで、はよ風呂に入れ」

ユニフォームを脱ぎ始めた桑田に声をかけて、僕は部屋を出た。

桑田がまだ力を失っていないのは、僕がいちばんよく知っていた。翌年、桑田は見事に復活を遂げた。甲子園では負け無しの3連勝。4年ぶりの二桁勝利、そして15年ぶりに最優秀防御率のタイトルを取ったのだ。


1997年4月6日の話に戻ろう。

桑田の2年ぶりの登板にホームランを打ち、4回表の守備につくとき、観客席から僕の名をコールする声援が湧いた。嬉しかった。帽子を取り、客席に向かって頭を下げた。桑田と僕の長い物語を知っているからこその歓声でもあるのだろうけれど、そのことも含めて嬉しかった。

　僕のジャイアンツへの移籍には賛否両論があったのも事実だ。マスコミはジャイアンツが今季の選手の年俸に33億円もの大金を投じたと報じていた。僕だけでなく近鉄の石井浩郎さんやロッテのエリック・ヒルマン投手も獲得し、万全の体制で1997年のシーズンを迎えたのだ。リーグ優勝はもちろん、日本シリーズも制して当然という雰囲気だった。ON時代以来の戦力と言われた。マスコミやファンの間には、そういうやり方に少なからず違和感を覚える人もいた。僕がこんなこと言うのはおかしいかもしれないけれど、僕自身もその気持ちはよくわかるだけに、巨人ファンに受け入れてもらえるかどうか不安もあったのだ。

　開幕戦から2連敗していた。4番打者として、ファンの落胆のため息が胸に応えた。それだけに、この日の勝利は嬉しかった。移籍後初ホームランが、初勝利になったのだ。

　桑田と2人でヒーローインタビューに立ち「一生忘れられない日になりました」と言ったのを昨日のことのように思い出す。桑田は6回を1失点に抑えきり、683日ぶりに勝利投手となった。2人で開幕直後の連敗を食い止めた。今もあの日の鳥肌が立つほどの歓声の大きさをはっきり憶えている。

「和博、日本一の男になれ」

僕を膝に抱いて、そう言った祖父の顔を思い出した。

ホームラン330本。王さんの868本は遥か彼方だ。日本一と言うのはまだ早い。けれど、その日本一への階段を一段くらいは登ったんじゃないか。

東京ドームの巨大な空間が、ファンの拍手と声援で温かく満たされていた。もしこの世に天国があるとするなら、それはここのことだろうと思った。

その拍手や声援が消えたとき、その巨大な空間がどれだけ寒々しい空虚な場所になるかなんて考えてもみなかった。ましてその日が、目前に待ちかまえているとは。

この世の天国への門の横には、地獄への深い穴がぽっかりとあいていた。

1997年の僕の成績は、ホームラン32本、打点95、打率2割4分9厘。シーズン前にかかげていた40本、100打点、3割の目標を達成することができなかった。何よりもチーム成績は、日本一どころかリーグ4位に沈んだ。

弁解の余地はない。僕はファンの期待に応えられなかった。

そして、その結果は想像を超えていた。

味方の応援にヤジが交じるようになり、ジャイアンツが負けを重ねるたびにその割合が増えていった。マスコミの論調も手の平を返したように厳しくなった。スポーツニュースは、ホームランを打ったシーンより、三振した映像を選んで流すようになった。成功よりは、失敗が圧倒的に多いのがバッティングなのだ。3割3分のバッターも3回に2回はアウトに倒れる。まして僕はその年の三振王だった。三振の名シーンなら、絶好の映像素材がいくらでもあった。そして、ここぞという場面で打てなくなっていたのは、紛れもない事実だった。負け試合を引っ繰り返し、勝つために駄目押しすべき打席で、無様な三振が増えていた。ホームランの数や打点の記録は西武時代よりもむしろ良くなっていたけれど、チャンスとピンチにこそ強いと言われた僕の本来の強さが発揮できなかった。

球場を出ようとすると、ファンから罵声を浴びせられるようになった。いや、それはいい。それくらいは、されても仕方がない。応援と罵声は、裏返しなのだ。仕事帰りの疲れたカラダで、球場に来ている人も少なくないはずだ。声をからし、力の限りに応援してくれている人たちなのだ。我慢するしかなかった。垂れ幕でクルマを囲まれ、タイヤを蹴られた。ボンネットやドアを遠慮なく叩かれ、火のついたタバコをフロントガラスに投げつけられた。それでもハンドルを握りしめ、必死で耐えた。顔を伏せた。無念だった。

最後には、試合中の応援までがやんだ。前の打席の松井秀喜まで、応援団は盛大に応援をしていた。僕がバッターボックスに入ると、声援がピタリと止まった。笛も太鼓も静まりかえった。清原は応援しない。ジャイアンツの応援団がそう決めたのだ。足がすくんだ。腹の底から、冷たいものが湧いてくる。目の前が真っ暗になりそうで、頭を振った。

球場を沸かせるのが自分の仕事だと思って生きてきた。世の中の人々に感動を与えること、明日も頑張ろうという気持ちになってもらうこと。それが野球選手の仕事であり、そのために自分は大きなホームランを打つのだと。夢を与えるどころか、球場を白々しく沈黙させるようになっていた。

「人生行って来い」というけれど、僕の人生はその見本のようなものだった。禍福はあざなえる縄のごとし、幸福があれば不幸がある。山を登ったら、降りなきゃいけない。

西武時代の11年の黄金期の次に用意されていたのは、イバラの道の12年間だった。光にあふれた栄光の道も、真っ暗闇の道も、僕の歩まなければならない道だった。どんな道であろうと、自分の歩き方で歩いていこうと思った。行く手に何が待ち受けていようが、ひたすら真っ直ぐ歩く。そういう歩き方しかできないのだ。

ランニングをして足腰を鍛え、バットを振った。自宅や宿舎のあらゆる場所に、バットを置いた。寝室にも、洗面所にも、玄関にも。一日中、何をしているときでも、バットに触れられるように。そして暇さえあれば、バットを握っていた。

このバットだけが、暗闇を切り開く唯一の光明だった。

足場の脆《もろ》い崖を、素手で登るようにして前に進んだ。登っては、転げ落ち、また登っては、転げ落ちる。その繰り返しだった。

たったひとりで、戦っている気持ちだった。

けれど、人はひとりで生きているわけではなかった。血の滲むような思いで打った一本のホームラン、一打のヒット、それどころか送りバントや、ここで出塁したいという気持ちだけで受けたデッドボールまで、じっと見つめてくれている人たちがいた。

1998年の肉離れに端を発して、怪我で戦列を離れることが増えていた。

1999年には5月初めにデッドボールを受けて左手甲の骨を折る。その怪我から復帰して試合に出始めた矢先の6月末、ホームにスライディングしてキャッチャーと衝突し、右膝に重傷を負った。膝が反対に曲がるほどの怪我だった。戦線に戻ったのは8月末、プロ入り以来13年間続けた20本塁打の記録もこの年で途絶えた。

怪我は選手の責任だ。小学生の頃、栄川さんや及川さんにそう教えられて育った。怪我をしたら、できる限りのことをして戦列に復帰する。そのために、自分にできることは何でもした。何度転げ落ちても、這い上がるつもりだった。

度重なる怪我に飽くことなく立ち向かうことができたのは、けっして僕一人の力ではなかった。なんとか怪我から立ち直り、バッターボックスに立つたびに、最初は小さかった観客席からの声援が大きくなっていた。野次る声はもうなかった。

「清原、がんばれ」というファンの絶叫が、心に染みた。そのたびに涙がこぼれた。

声援に応えるには、打つしかなかった。

2000年の開幕は、オープン戦での肉離れで、プロ生活15年で初めての2軍スタートを経験した。リハビリを続けながら4月半ばに1軍に復帰した。しばらくは代打の日々だった。ようやくスタメン入りしたのは5月3日の中日戦だった。

「5番ファースト、清原」

場内アナウンスが流れると、観客席からどよめきと拍手が起きた。嬉しかった。

その第1打席の初球をライトスタンドに叩き込んだ。3ランホームラン。山本昌さんの外角へのシンカーだった。

完全復活を喜んだのも束の間、その月の末の試合練習中に肉離れを再発、戦線を離れざるを得なくなった。

再び2軍暮らしをして、ベンチに戻ったのは七夕の夜だった。

2000年7月7日。巨人―中日戦。6対1で迎えた6回。2アウトランナー一、二塁の場面だった。長嶋監督が、ダッグアウトから立ち上がった。僕はその瞬間に、自分が指名されることを確信した。

「代打、清原」

場内アナウンスがそう告げたときの、大歓声は今も忘れられない。カッとカラダが熱くなった。マウンドには中山裕章がいた。高知商業の中山だ。甲子園のあの暑い夏の記憶が蘇った。カウント2―1。フォークボールだった。軌道がよく見えた。ボールが落ちるところを思い切り振り抜いた。

ガシュッ。球がドームの天蓋《てんがい》に届きそうなくらい高く舞い上がり、左中間のスタンドに落ちて大きく弾んだ。3ランホームランだ。津波のような歓声が湧いた。東京ドームが本当に揺れるんじゃないかというくらい。長嶋監督が満面に笑みを浮かべていた。

「ファンの皆さんの声援に後押しされて、ホームランが打てました」

ヒーローインタビューで僕はそう答えた。野球選手はよくそう言う。リップサービスなどではなくて、それが野球選手の本心なのだ。ファンの声援がどれほどの力を選手に与えてくれるか。その本当のところは、グラウンドに立ってあの声援を浴びてみなければわからないかもしれない。

あのイバラの道のような9年間の巨人時代を歩き通すことができたのは、間違いなく巨人ファンの声援があったからだ。そのことにはどれだけ感謝しても足りない。

長嶋監督という人は、おそらくそのことを球界でいちばんよく知っている人だった。ファンと野球選手の関係、もっと言えば僕たち選手が最終的には何のために戦うのかということ、つまりプロ野球の根本を知り抜いていた。

たとえば3点差で迎えた9回2死満塁で、バッターボックスに立ったときに、何をすべきか。長嶋監督なら即答するだろう。満塁逆転サヨナラホームランか、大三振しかあり得ない。なぜなら、それがお客さんの夢だから。

人生は子供の頃に思い描いていたほどバラ色でも、夢にあふれているわけでもない。人はみんな平凡で退屈な日常を地道に生きている。人が野球に魅了されるのは、グラウンドにはその夢があるからだ。一本の大きなホームラン、絶体絶命のピンチを切り抜ける渾身の投球……。球場の〝奇跡〟に人は感動し、時には涙すら流す。

それは日常の中で忘れかけていた、夢を思い出すからだ。

他人の夢ではない。自分の夢だ。

現実は厳しいものだから、野球の試合でだって、そんなチャンスはめったに訪れない。23年間のプロ野球生活で2338試合に出場して9428回打席に立ったけれど、サヨナラホームランは12本しか打っていない。今のところそれが日本球界での最高記録なのだ。サヨナラ満塁逆転ホームランはたったの1本だ。それでも、グラウンドでは時としてそういう奇跡が起きる。そして、その奇跡が何千、何万という人を感動させ、勇気づける。人生が捨てたもんじゃないということ、夢がかなう瞬間がいつかはやってくるということを、みんなに思い出させるのが、僕たち野球選手の仕事なのだと思っている。

そして、その果実がお客さんからのグラウンドを揺らすような声援なのだ。その声援に勇気づけられて初めて、僕たちは自分の能力を超えた奇跡を起こすことができるのだ。

スタジアムでの奇跡は、つまり野球選手とファンとの合作なのだ。

長嶋監督は、そのことをよく知っていた。勝敗の計算とか、チームの中での自分の役割ということとはまた別に、観客が今自分に何を求めているかを、はっきり自覚していたのだと思う。その期待にいつも応え続けたから、あれほどのヒーローになったのだ。空振り三振したときに、帽子を飛ばす練習をしていたという〝伝説〟がある。嘘か本当かは別として、三振するときにもお客さんのことを考えていたのが長嶋茂雄という人なのだ。

長嶋監督は直感の人で、何も考えていないなどという人もいたけれど、それは違うと断言できる。あの人はその野球選手としていちばん大切なことについて、片時も忘れたことはなかったし、そのことを何よりも深く考えていたのだ。僕には長嶋監督が考えていることが、いつもよくわかった。試合の流れの中で、ここで僕を代打に出せば、必ず何か起こせるという瞬間があった。僕がそう思うと、まるでテレパシーのように、長嶋さんは立ち上がって僕を代打に送り出した。スタメンに戻すタイミングにしても同じことだった。そんな監督は、長嶋さんしかいなかった。

お客さんの気持ちと完全に同調しているから、監督が『代打、清原』と告げると、スタンドから割れんばかりの拍手と、歓声が湧き上がる。そういうとき、長嶋監督は得意満面の笑みを浮かべていた。まるでバッターボックスに立つのが僕ではなく、自分だと言わんばかりの顔をしていた。そういう茶目っ気も含めて、長嶋監督は本物のヒーローだった。

20世紀最後のその年、2000年の日本シリーズで長嶋監督は、王監督率いる福岡ダイエーホークスと戦い日本一の座に輝いた。ONの対決で20世紀は幕を閉じたのだった。僕にとっては、それが西武時代から数えて、7回目の日本一だった。

僕が肉体改造を始めた理由も、長嶋さんが帽子を飛ばす練習をしたのと、ある意味では共通していた。

誰も見たことのないような大きな、美しいホームランを打つこと。それが僕の野球選手としてのアイデンティティだった。

目にもとまらぬバットの一振りで、スタンド上空に舞い上がる打球。僕の試合を観るために球場に足を運ぶお客さんは、そのホームランを期待しているのだ。

子供の頃、河原で石ころを打っていた時代から、僕はいつもより遠くへ、より大きなホームランを打つための努力をしてきた。飛距離は年々伸び続けた。ジャイアンツに移籍してからも伸びていた。

その飛距離をさらに伸ばすために、肉体改造を始めたのだ。

カラダを大きくするという発想は、直接的には大リーグの選手の影響だった。

日米野球でアメリカの選手が日本にやってくるたびに、解説者やアナウンサーが「さすがにパワーが違う」と感心していたのが、ちょっと癪《しゃく》に障っていたということもある。

その日米野球で日本に来たある有名な大リーグのホームランバッターと食事をしたときに、その話になって、僕が冗談半分で「パワーの源は何？」と聞いたら、大リーガーはやおらシャツを脱ぎ始めた。筋肉隆々の上半身を剥き出しにして、ポパイのように腕を曲げながら「これだ」と二の腕にコブをつくったわけだ。

それで、ちょっと火がついた。日本人だって負けちゃいないよということを、見せてやりたくなったのだ。子供っぽい対抗心だと言われればそれまでだけれど、そこにはプロとしての計算もあった。

たとえばフォームの改造には長い時間が必要だし、リスクもともなう。短いシーズンオフの間に、バッティングの技術を向上させるのは難しいのだ。若い時代なら時間をかけても取り組むメリットはあるけれど、僕はもう30歳を過ぎていた。筋力アップによる肉体改造は、短期間で大きな効果を上げるはずだと考えたのだ。

そして、それは上手くいった。少なくとも、最初の何年間かは。

本格的に肉体改造を始めたのは、２０００年のシーズンオフからだった。専属トレーナーのケビン山崎さんと相談して、トレーニングや食事のメニューを組み立てた。２００１年には早くもその効果が現れた。この年、僕は自己最高の１２１打点を上げた。ホームランの飛距離も確実に伸びた。東京ドームのスタンド最上段や、看板を直撃するホームランが増えていた。

お客さんは喜んでくれたと思うけれど、それを必ずしも評価しなかった人もいる。

「お前、ちょっと上半身に筋肉つけ過ぎなんじゃないか」

そう言ったのは、落合博満さんだ。落合さんは僕のルーキー時代からの、恩師のような人だ。その時代、落合さんは2年連続で三冠王に輝いていた。バッティングの神様だった。少しでも神様に近づきたくて、ロッテとの試合ともなると、落合さんから目が離せなくなった。バッティングのフォームはもちろん、ネクストサークルでの素振りから、バッターボックスへの入り方にいたるまで、落合さんの一挙手一投足を何から何まで自分のものとして吸収したかった。

そして落合さんは、僕だけでなく誰にでも、そのバッティング理論を惜しみなく教えてくれた。打てなくて苦しいときほど、落合さんの話がためになった。手首の返しとグリップの位置の関係とか、足の開き方がバッティングとどう関わっているかとか、落合さんの指摘はいつも具体的で明確で、そして理路整然と筋道が通っていた。あの人ほど、バッティングの理論に精通している人はいない。

その落合さんに、「清原のバッティングフォームは、高校時代がいちばん良かった」と言われたのだ。一緒に食事をしたとき、落合さんは持っていた箸を、扇子のように大きく八の字に開いて僕に説明してくれた。

「昔のお前のバッティングは、こんな感じだった。レフトからライトまで、状況に応じて自由自在に球を打つことができた。だけど、今のバッティングはこんな感じ」

落合さんは、扇子を畳むように開いていた箸の幅を狭くした。

「球を遠くへ飛ばすことにばかり囚《とら》われて、お前の持ち味だったはずのバッティングの巧さが犠牲になっている」

バッティングの神様は、それも肉体改造のせいじゃないかと言うのだった。

落合さんの言う通りだった。飛距離は伸びたけれど、2001年のホームランは29本で止まっていた。すべての打席でホームランを狙ったわけではない。ホームランを打つべきときと、ライト方向へヒットを打つべきときを、僕は自分の中ではっきり分けていた。いくら僕のアイデンティティが大ホームランでも、チームの一員としてランナーを前に進ませるためのバッティングをしなければいけないときがある。優先順位で言えば、自分の記録よりも、チームの勝利が上に来るのは当然のことなのだ。

だから29本は必ずしも、肉体改造のせいだとばかりは言えない。それでもやっぱり落合さんの言うように、僕のバッティングが昔と変わったのも事実だった。

フェンスぎりぎりのホームランも、看板直撃のホームランも、同じホームランだ。むしろゴルフのアプローチのように、ぎりぎりのホームランを心がけたほうが本数は稼げる。もちろん、たくさんホームランを打てばそれだけチームにも貢献できるのだ。

言われていることはよくわかったが、それぱかりは譲れなかった。アプローチショットのホームランは僕のホームランではない。お客さんが観たいのは、ドライバーで思い切り振り抜いた400ヤードのショットなのだ。高い空に舞い上がり、ボールの行方を見失うほどの大ホームランを打ってこそ、お客さんは「さすが、清原や」と感動してくれる。

肉体改造をやめるどころか、さらにカラダを大きくするつもりだった。90キロ台だった体重を、120キロ近くにまで増やした。ボールを遠くに飛ばすために全身を筋肉の鎧《よろい》で包んだのだ。そのためのトレーニングは苦しかったけれど、そのことが逆に僕の自信につながっていた。ある意味では、筋肉の量そのものよりも、誰にも真似できない努力をしたという自信のほうが大きかった。

実力の伯仲したバッターとピッチャーの勝負は、最終的には自分を信じる気持ちの強さで決まる。それが、甲子園で戦ったあの日以来の信念だ。松坂大輔を筆頭に、とんでもない力を秘めた若いピッチャーが台頭していた。若者に圧倒されないためにも、ねじ伏せられるだけの力と自信が僕には必要だった。

脚の故障は大型選手の宿命と言われるけれど、僕もその陥穽《かんせい》に落ち込んでしまったのだ。

落合さんの指摘には、もしかしたらそのことも含まれていたのかもしれない。

体重の負荷が、僕の膝に容赦なくのしかかっていた。

けれど、もし仮にその後に起きることを僕が知っていたとしても、あそこで筋力トレーニングをやめてしまう気にはどうしてもなれなかったと思う。

バット一閃《いっせん》、胸の空《す》くようなどでかいホームランを打つ。

それが、大袈裟に言えば、僕が野球界に存在する意味だった。

初めて膝の手術をしたのは、2003年の10月だった。膝を酷使するスポーツ選手には馴染みの手術だ。内視鏡手術で右膝の半月板を除去した。けれど手術は簡単でも、リハビリして復帰するまでには時間がかかる。出場回数が減っていった。1999年に大怪我をして以来、規定打席数に達したのは２００１年のシーズンだけだった。

２００２年は55試合、２００４年は40試合、フル出場の３分の１に満たなかった。

打席に立つチャンスが減るほど、１本の価値は重くなった。

少ないチャンスは、絶対に自分のものにしなければならない。

２００２年の日本シリーズの松坂からの１５０メートルのホームランも、２００４年の神宮球場での２０００本安打も、レフトスタンド上段への２００１安打目のホームランも、そういう中から生まれた。

満身創痍《そうい》という言葉を、当時のマスコミはよく使っていた。

確かにカラダは傷だらけだったけれど、心はまったく折れていなかった。

膝の故障を完全に直して、４番の座を取り戻す。王さんの８６８本を超えるという夢は今や遥か彼方へと遠ざかってしまったけれど、一歩でもその高みに向かって、打って打って、打ちまくるつもりだったし、自分のカラダの回復状態を考えても、それが絶対にできるという自信があった。

そこに降って湧いたのが、２００４年シーズンオフの、巨人軍フロントとの去就をめぐる確執だったのだ。

この本の冒頭で記したように、僕は2005年も巨人に残留して戦い抜くことを決めた。泥水を飲んででも戦う覚悟を後押ししてくれたのは、やっぱり巨人ファンの熱い声援だった。

2004年11月23日、東京ドームでジャイアンツのファン感謝祭が開催された。5万人のファンが集まっていた。

どんな大きなホームランを打ったときよりも、大きな歓声だった。

「清原、やめるな！　巨人で戦ってくれ」

歓声の大きさよりも、口々に叫ぶ言葉に胸が熱くなった。

この人たちのために、俺は戦うのだと思った。

2005年のシーズンは、快調に進んでいった。

4月には8本のホームランを打ち、その最後の8本目が僕の500号ホームランになった。広島の広池浩司の、144キロの直球を打ち返した。打球はライナーになってバックスクリーンを直撃した。会心のバッティングだった。今年こそ、長年の壁になっていた40本を超える手応えを感じた。

5月に入って3本目のホームランを打ったその日の延長戦で、頭に147キロのデッドボールを受けた。その時はさすがに腹が立ったが、あれはただのアクシデントだったと今は思っている。こだわりは何もない。ただ、そのデッドボールで、西武に入団した当初から大切にしてきたヘルメットに傷をつけてしまった。野村克也監督が西武の現役時代に使っていたヘルメットだ。入団したときに僕の頭に合うヘルメットがなくて、何気なくその野村さんのヘルメットをかぶったら驚くくらいフィットしたのでそのまま愛用させてもらっていた。ジャイアンツに移籍してからも、黒く塗り替えて使っていたのだ。20年以上も一緒にやってきたヘルメットに傷をつけてしまったことが、何かを暗示していたのかもしれない。

そこから少しずつ調子を崩した。5月のホームランはその3本で終わった。それでも6月、7月に5本ずつ打ち、8月4日には広島の小山田保裕から1本打った。

それが、ジャイアンツで打った最後のホームランになった。

8月13日、出場選手登録を抹消され2軍降格となった。左膝の半月板損傷の完治に専念させるというのが、直接の理由だった。7月半ばの試合中のアクシデントで、それまでも痛みに苦しんでいた左膝の状態を悪化させていた。右膝と同様に、左膝の半月板除去の手術を受けることになった。手術そのものは30分で終わる簡単なものだ。

その時点での本塁打は22本、52打点。打率は2割1分2厘と低迷したけれど、シーズン最後まで戦い抜く自信はあった。本塁打30本、打点100は目指すつもりだった。いやその前に、デッドボールでも出塁してチームの勝利に貢献する覚悟だった。

それが、あのファンの声援に応える唯一の道だと信じていた。手術なんて、シーズンが終わってからでいい。それまでは、痛み止めの注射をすればバッターボックスに立てる。

「脚がちぎれても戦います」と球団に訴えたが、聞いてもらえなかった。

球団は別のことを考えていた。

「なぜ僕を使ってくれないんです」

僕が質問すると、球団幹部はこう言った。

「優勝を逃した。その責任はお前にある」

「それが僕を外す理由ですか？」

納得できませんと言って、僕は席を立った。

そんなことがあってしばらくして、明日は手術のために入院するという8月29日、僕は球団幹部に呼び出しを受けた。

球団事務所ではなく都内のホテルだった。正面玄関ではなく裏口から誘導された。部屋に行くと、球団幹部が待っていた。

話は1分で終わった。

その人は言った。

「来季、君とは契約しないから。で、なんかある？」

なんかあると聞いたのは、翌日の手術代は球団で持つから、そのことでまた何かあれば言ってくれということらしい。

「いや、結構です」と僕は答えた。

「手術代くらい自分で払います」

そう言って、僕は部屋を出た。

あのときは、なんと言えばいいのか、とにかく真っ直ぐ家に帰れなかった。こんな気分のまま、家族のところに帰りたくなかった。

神宮外苑の並木道にクルマを停めて、ハンドルにつっぷして泣いた。

僕だって覚悟はしていたのだ。

最後くらいは平和的に握手をして別れたかった。9年の間には、僕のほうだって迷惑をかけたこともあったし、お世話になったこともたくさんあるのだ。

結論は解雇でも、「9年間よくやってくれた」と、感謝をして別れるくらいの思いやりがなぜ持てないのか。きちんと「球団はこういう事情だから」と説明してくれれば、僕だって、わかりましたと潔く頭を下げていた。

それを、こそこそと隠れるようにホテルに呼び出して、1分で切り捨てるのか。

この9年間の苦闘は何だったのか。

高校時代につけられた心臓の古傷に、なぜまた錆びたナイフの刃を差し込むのか。

どうして、巨人は最後の最後まで僕を痛めつけようとするのか。

組織というのは、そんな冷酷なものなのか。

僕の野球人生は、恨みで始まって、恨みで終わるのか。

重ねてきた練習、耐えてきた傷の痛み。野球にそそいできたすべての努力も我慢も、今日という日のためだったのか。頭が白くなるほどの喜びも、歓喜も、今につながっていると思うと、何もかもが空しかった。
人を恨んで、組織を恨んで俺の野球人生は終わるのか。
悔しくて、悔しくて、涙が止まらなかった。
並木道を散歩する誰かがクルマを覗いて、僕が泣くのを見たかもしれない。
そんなこと、どうでも良かった。
泣きながら、長渕剛さんの『とんぼ』を聴いていた。

コツコツとアスファルトに刻む　足音を踏みしめるたびに
俺は俺であり続けたい　そう願った
裏腹な心たちが見えて　やりきれない夜を数え
のがれられない闇の中で　今日も眠ったふりをする

死にたいくらいに憧れた　花の都大東京
薄っぺらのボストンバッグ　北へ北へ向かった
ざらついた苦い砂を噛むと　ねじふせられた正直さが

今頃になって　やけに骨身に染みる

ああ　しあわせのとんぼよどこへ
お前はどこへ　飛んでゆく
ああ　しあわせのとんぼが　ほら
舌を出して笑ってらあ

明日からまた冬の風が　横っ面を吹き抜けていく
それでもおめおめと　生き抜く俺を恥じらう
裸足のまんまじゃ寒くて　凍りつくような夜を数え
だけど俺はこの街を愛し　そしてこの街を憎んだ

死にたいくらいに憧れた　東京のバカヤローが
知らん顔して　黙ったまま突っ立ってる
ケツの座りの悪い都会で　憤りの酒をたらせば

半端な俺の　骨身に染みる

ああ　しあわせのとんぼよどこへ
お前はどこへ　飛んでゆく
ああ　しあわせのとんぼが　ほら
舌を出して笑ってらあ

ああ　しあわせのとんぼよどこへ
お前はどこへ　飛んでゆく
ああ　しあわせのとんぼが　ほら
舌を出して笑ってらあ

『とんぼ』作詞・作曲　長渕剛

長渕さんの歌が、心に染みるようになったのは、ジャイアンツに移籍してからだ。

歌にこめられた、挫折感であったり、孤独感であったりが、心にどんどん入り込んでくるようになった。そしてそれが、エネルギーに変わる。不思議な歌だった。身も心もボロボロになって家に帰り、長渕さんの歌を聴いて、勇気をもらった夜は数え切れない。ある機会があってお会いするようになってからは、歌だけでなく、ほんとうにいろんな意味で力をもらった。

ものすごい勢いで、怒鳴られたこともある。

スポーツ選手として恥ずかしい話だが、僕は長い間、タバコを吸っていた。

そのことを知って、長渕さんは怒り出したのだ。

「何が泥水を飲む覚悟だ。このやろう。お前、死ぬつもりでやるんだろ。なのになんでタバコなんか吸ってんだ、バカ野郎。俺は桜島の7万人コンサート、死ぬ気でやったぞ。今度はお前の番だ。なのに何やってんだ、お前は」

烈火のごとく怒っていた。それで、僕はタバコをやめた。

僕が入れ墨を入れると言い出したときは、長渕さんがでっかい檜《ひのき》の切り株に、不動明王の絵を描いて送ってくれた。「これが、お前だ。お前は不動明王なんだ」と。不動明王のように、怒って、怒って、心の底から怒って、前に進めと、励ましてくれた。

西武でFA宣言をした頃、ある球団の人から「富士山は遠くから見るから綺麗なんや」と言われたことがある。憧れは憧れとして、遠くから眺めていたほうが幸せだと言うのだろう。その時は、その意味がわからなかった。

ジャイアンツの一員になって、その人が何を言いたかったかを理解した。

野球選手の夢の戦場だと思っていた場所は、裏から見れば大人の論理と冷酷な計算が支配する寒々しい場所だった。僕は血の通った同じ人間ではなく、単なる使い捨ての商品のように扱われた。

今現在の僕の気持ちを言えば、それでも移籍して良かったと思っている。

何もかもが嫌な思い出だなんて言うつもりは毛頭ない。人生の最高の瞬間だと思ったことは何度もあったし、素晴らしい人たちにも出会った。

そして巨人軍の伝統というものから、たくさんのことを学んだ。選手たちの意識の高さから、荷物運びの方法にいたるまで、何もかもが他の球団とは違っていた。

巨人という山は、登ってみたらゴミだらけだったなんてことはなかった。

けれど、その時は、そんな風に冷静に考えることができなかった。

彼らは高校時代に僕を刺したナイフ、錆びてボロボロになったナイフを持ち出して、最後の最後で僕の腹や心臓をまたグサグサと刺したのだ。昔のことは水に流して、巨人軍のために戦ってくれないかと頭を下げたくせに、今はまた手の平を返したように、労《ねぎら》いの言葉ひとつもなく放り出す。自分たちにとって利用価値がなくなれば、ただのゴミだと言わんばかりだった。

とにかく悔しくて、悔しくて、腹が裂けそうになるくらい苦しかった。

長渕さんの歌を聴いていると、その悔しさが、なにくそ負けるものかという、強い気持ちに変わっていくのを感じた。心が震えるくらい、奮い立った。長渕さんの歌が、涙を力に変えた。僕はこのままでは終われないと思った。

もう一度、復活してみせる。

心に決めた。

オリックス・バファローズで復活にかける決意を仰木監督に報告したときには、12月に入っていた。膝の手術後の回復が心配だった。仰木監督の力になれるという自信が持てるまでは、正式な返事はすまいと決めていた。

それは監督が亡くなる10日くらい前のことだった。監督から電話が入った。「キヨ、明日大阪へ来れへんか」。今にして思えば、なんとしても行くべきだったのだが、僕はどうしても都合がつかなくて断ってしまった。その時期、仰木さんはもう九州の自宅に戻られていたはずなのだ。球団にも内緒にして大阪に出てきていたのだろうか。

僕は仰木さんに、自分の気持ちだけ伝えた。

そして12月15日に名球会の会合に参加するためにハワイに旅立った。ホノルルについた直後に、仰木さんの訃報を聞いた。取るものもとりあえず、日本に帰った。

正式にオリックス・バファローズへの入団を発表したのは12月20日のことだった。

第5章

大阪

仰木さんは病《やまい》を隠しながら、シーズンの終わりまでオリックス・バファローズを指揮して、その2ヶ月後に亡くなった。いや、シーズンが終わってからも、何度も僕に電話をかけていた。最後の最後まで、野球のために命を燃やしていた。

「キヨ、ワシや」

受話器の向こうの仰木さんの声が、日ごとに聞き取り難くなっていた。病は喉も侵していたということを、後で奥様に伺った。「清原さんと仰木が、同じチームで野球をしている姿を見られなかったのが、唯一の心残りです」。そう言われて、僕は泣いた。そんなことも知らずに、最後の最後まで自分の気持ちを固められなかったことを悔やんだ。

左膝の手術の経過を見て、本当に仰木さんの役に立てると自信が持てたら返事しようと思っているうちに時が経ってしまった。

正直に言えば、再起をかける球団として、オリックスという選択が自分にとって最善なのかどうかを考える時間も必要だったのだ。「お前の男気や」。そう言って下さった、仰木さんの言葉の意味を考えていた。ただの客寄せパンダになるのは嫌だった。けれど、仰木さんが僕に寄せて下った気持ちの大きさを、切実さを思えば、そんなことはただの感傷だった。

「試合中に代打を告げるとき、仰木監督が『代打、清原』と言ってしまったことがある」

あるコーチが僕に教えてくれた。オリックス・バファローズの監督に就任が決まったときから、仰木さんは僕を獲得する道を探っていた。最後のシーズンも清原がベンチにいるような気になることが、あったのではないか、と。

仰木さんは、僕に何をさせたかったのか。

「キヨ、お前の花道は俺が作ったる」

仰木さんの頭の中にあった花道とは何だったのか。

仰木さんほどの監督が、ただ一人の選手の花道を作るためだけに、オリックス・バファローズという球団全体を動かしたはずがないのだ。敵味方に分かれて戦っていた近鉄時代の、厳しい采配が今も目に浮かぶ。

イチローと対談したとき、彼が仰木さんの忘れられない思い出を語ったことがある。

チームが負けた日に、イチローが素晴らしい二塁打を打った。自分が活躍しても、チームが負けたら意味がない。イチローが浮かない顔をしていると、仰木監督はもっと喜べと言ったのだそうだ。選手は自分のプレイのことだけ考えればいい。今日はいいヒットを打ったのだから、お前は素直に喜べ。チームの勝ち負けを考えるのは、監督である自分の仕事だ、と。

チームの勝利は監督の責任だと言い切った人だ。勝利の構想の中に、僕が入っていたからこそ獲得に執念を燃やしたのだと思う。

仰木監督は、僕をどう使おうとしていたのか。

僕の膝の状態が悪いことは知っていたはずなのに、そのことは一度も聞かなかった。

僕に何をさせたかったのか。

オリックス・バファローズの3年間、僕はずっとそのことを考え続けた。

9回裏1死満塁で、打席に立ったあの夜の興奮は一生忘れない。

0対3でオリックスは横浜ベイスターズに負けていた。マウンドにはクルーンがいた。

3球目、152キロのストレートだった。

どうしてあの球が、あの状態の僕に打てたのか今も不思議に思う。

スイングスピードは40歳を目前にしても増し続けていた。飛距離も年々伸びていた。自信がないわけではなかったが、それにしてもカラダはボロボロだった。ジャイアンツを解雇された翌日に手術した左膝の状態が思わしくなかった。後でわかったことだが、軟骨が炎症を起こしていた。痛みは慢性化し、痛み止めを使いながら試合に出ていたのだ。

自分の持てる力をすべて込めて、バットを振り抜いただけだ。

真芯で捉えていた。スカイマークスタジアムが沸き上がるのが先だった。轟音のような歓声の渦の中へ、ボールが落ちていくのが見えた。右中間スタンドだった。

サヨナラ逆転満塁ホームランだ。

前にも書いたけれど、サヨナラホームランのチャンスをモノにできることなんて、めったにありはしないのだ。まして満塁で逆転ホームランということになれば、確率は天文学的数字になるだろう。

23年の野球人生の中でも、それがただ一度の経験だった。

そしてこの1本で、野村監督の持っていたサヨナラホームラン11本の記録に並んだ。


このシーズンはもう1本サヨナラホームランを打った。

8月29日。これもスカイマークスタジアムだった。雨による中断があって、試合開始から5時間半が過ぎようとしていた。延長11回のその打席に向かうとき、電光掲示板が地下鉄の終電の時間が近づいていることを知らせていた。終電に乗り遅れたらエライことだ。「僕もちょっと心配になって、はよ打たなあかんと思いました」とヒーローインタビューで言ったのは、半分は冗談だけれど、半分は本気だった。雨の中、こんな時間まで試合を観てくれているお客さんがいる。幸せな職業だと、思った。

西武の長田秀一郎の球を弾き返した。ライトスタンド中段に飛び込んだ。

サヨナラ2ランホームランだった。

12本目、野村監督の記録を塗り替えるサヨナラホームランだ。

デッドボールを受けて塗装がはげた野村さんのヘルメットを塗り直して、まだ使っていた。野村さんのヘルメットで、野村さんの記録を更新したわけだ。思えば不思議な巡り合わせだ。翌日の新聞を見たら、その3打点で通算1523点となり、長嶋さんの打点記録を抜いたと書いてあった。さらに記述は、21年連続二桁ホームラン（そのサヨナラホームランがシーズン10本目のホームランだった）は、野村監督と王監督に並ぶ記録だと続いていた。野球には様々な記録がある。ホームランとか打点の記録は別として、細かな記録は記者に教えられて初めて気がつくことが多い。足の速さがクラスで一番と言われたら嬉しいけれど、親指の長さが一番と言われてもあんまりピンとこないのと一緒だ。

いや、もちろん王監督や野村監督の記録に並んだと言われれば嬉しい。けれど、王監督の最後の年の二桁ホームランは確か30本だった。同じ21年連続でもずいぶん違う。あの人は大きな怪我をすることもなく、21年間にわたって毎年120試合以上に出場し続けた。僕は怪我だらけで、もう何年も規定打席に達していない。並べられてむしろ恥ずかしかった。

ただ、自分も21年間やってきたんだなと思った。王監督は30本打っても「王貞治のバッティングができなくなった」と言って引退した。僕はまだこれからだと思った。飛距離はまだ伸びているのだ。本数でかなわないなら、1本のホームランにかける。誰も打ったことのない1本が打てるまで、バッターボックスに立ち続けるつもりだった。

このシーズンは、もうひとつ心に残る出来事があった。

6月、東京ドームでの巨人との交流戦だった。

3点リードの7回に代打でバッターボックスに立つと、巨人ファンが立ち上がって『キヨハラコール』を連呼し始めたのだ。巨人が負けている試合だというのに。ジャイアンツ時代の懐かしい応援歌を合唱してもらった。巨人軍に解雇されたとき、自分の9年間は無駄死にだったのだと思った。けれど、それは間違いだった。あの9年間の出来事は、何一つ無駄にはなっていなかった。そのことを、ファンの人たちが伝えてくれようとしているのだと思った。

その打席はショートゴロに終わった。ヘルメットを脱いで、ジャイアンツの応援席に頭を下げた。涙が滲んだ。

嬉しかった。ただ、嬉しかった。

ひとつひとつを思い返すと、もしかしたらこれが花道なのかと思えるような、忘れがたい出来事もあったけれど、最終的にはぐるりと一回転して、最初の問いに戻っていた。

仰木監督は僕に何をさせたかったのか。

膝が限界に来ていた。打っては、痛みが走り、ベンチを退き、また戻って、打ちはするのだが、またも痛みに負ける——。

チームの優勝に貢献する。それが、僕の仕事なのだ。ベンチを離れていると、焦りが募った。1秒でも早く戦列に戻りたかった。怪我の完治なんて考えていなかった。痛みはどうせ消えないのだ。痛くても動けるようになりさえすれば、試合に戻った。そしてすぐにまた動けなくなる。その悪循環を繰り返していた。

バッターボックスに立てないときは、ベンチでチームメイトを盛り上げた。『必死でベンチを盛り上げようとする和博の顔が、泣いているように見えました』と、母が手紙に書いていたけれど、ベンチに入れなければ、客席で応援団をしてでもチームを優勝させるつもりだった。年俸がサラリーマンの生涯賃金を超える応援団なんてお笑い種《ぐさ》かもしれないけれど、それが僕の本心だった。

オリックス・バファローズはリーグ5位に沈みBクラスが決定した。「力になれずに申し訳ありませんでした」。僕はそう言って、中村勝広監督に頭を下げた。

中村監督は、僕のサヨナラホームランに涙を流してくれた。なかなか試合に出られない選手に対して、監督も球団も普通では考えられないような理解を示してくれた。

2007年のシーズン、僕はただの一度も試合に出ていない。

ふたたび1軍に復帰したのは、2008年の夏のことだ。

2007年の2月に、東京の病院で左膝の再手術をした。

それでも痛みは改善しなかった。

オリックス・バファローズに入団してからは、家族を東京の家に残し、兵庫県芦屋市に独り住まいしていた。その芦屋から、1週間に一度、東京の病院に通った。単身赴任のサラリーマンが週末に家に帰るのと同じで、妻と子供の顔が見られるのだけが楽しみだった。痛み止めを打っても、何をしても効果はなかった。そのうちに日常生活にまで支障が出始めた。歩くのさえもままならなくなった。

それでもドクターは、術後の経過は順調で治すべき異常は見あたらないと言う。本当は僕の膝が使いモノにならないと知っていたのではないだろうか。この膝ではもう野球はできないよと宣告できなかっただけなのだと思う。

何の進展もないまま2ヶ月くらい病院に通い続け、僕はほとんど諦めかけた。歩くこともロクにできない足で、野球を続けることはできない。ほとんど引退を決心しかけたとき、本屋敷俊介コーチに「一度だけ神戸の病院につきあってもらえませんか」と言われた。

本屋敷は僕の8歳年下、球団のコンディショニングコーチだ。球団は僕が再手術した2月から本屋敷コーチを専属にしてつけてくれた。本屋敷は涙ぐましい努力で僕の回復を支えてくれた。僕が減量したときには、その必要もないのに自分まで減量するような男なのだ。

本屋敷に僕は言った。

「お前な、たった3時間で行ける東京と神戸の病院で違う答えが出るなんてことが考えられるか。見えてるやん、答えは」

いつもは遠慮深い本屋敷が、この時は執拗だった。それじゃ一度だけということで、神戸の病院で再検査を受けた。心のどこかに藁《わら》にもすがる気持ちがあった。

神戸のドクターは、僕の膝のすべての画像を熱心に調べていた。そして、開口一番、妙なことを言い出した。

「清原君、自分は野球をやりたいか？」

このオッサン、何言ってんやと思った。そんな当たり前のことを聞いてどうする。

「はあ」

僕はつきあってられないという感じで、軽く頷いた。

「もう一回聞くぞ。ほんまにやりたいんか？」

その声の真剣さに、僕は思わず背中を伸ばした。

「はい、やりたいです」

本気で野球がやりたいのか、やりたくないのか答えてくれ。本気でその膝と、戦う気があるのかとドクターは言った。

「相手がわかれば戦います。東京の病院に通ってましたが、暗闇の中でずっと脚を蹴られてるようなものでした。誰と、何と戦っているのかもわからずに、苦しんできました。相手がいれば戦います。僕はルーキーの頃から、村田さんとか山田さんとか、相手が強いほど燃えたんです」

勢い込んで言うと、ドクターは僕の目をじっと覗き込んだ。

「そやけど、これはとんでもない強敵やぞ。ほんまに強いぞ。それでもやるか？」

「どれくらい強いんですか。今までの半月板の手術をもし1としたら、どれくらいですか」

「7か、8やな」

さすがに、尻込みした。半月板の手術だって、リハビリにはかなり苦労した。その7倍か8倍ということは、人間じゃなくて、熊か虎とでも戦うということなのか。

本当は7でも8でもなかった。もっと強敵だった。けれど、それ以上のことを言ったら僕が諦めると思ったのだろう。

戦うだけでは駄目なのだ。回復して、バッターボックスに立てなければ意味はない。そんなに大きな手術なら、今季の復帰はほぼ不可能になる。自分一人だけで決断できる問題ではなかった。

球団に戻って相談すると、コリンズ新監督がアメリカ行きを勧めてくれた。

「君みたいなサイズの選手は向こうにはたくさんいる。バスケットボールの選手も、フットボールの選手も、膝の故障で苦しんでいる。日本の病院には君みたいな大きな人間の症例は少ないだろうが、アメリカにはたくさんあるはずだ。その手術を受けるかどうかを決める前に、アメリカの専門医の意見も聞いてみてはどうか？」

「ユー・アー・オールドマン」

それくらいの英語なら、通訳の必要はない。

僕の膝を検査したロサンゼルスの医師は、椅子に座る間もなく、あなたは年寄りだと言った。膝の手術のＶＴＲから、ＣＴ画像まで、すべての資料を揃えてはるばるロサンゼルスまでやってきて、一言で望みはないと宣告されたのだ。

この膝ではまずプレイできない。18、19歳の若者なら、僅かの可能性はあるかもしれない。けれど君はもう歳だ。フィールドにはまず戻れないだろう、と。

僕などよりも遥かに大きなスポーツ選手の膝を治療してきた専門医も、こんな膝から復帰した選手は見たことがないというわけだ。

2泊4日のロサンゼルス旅行だった。絶望していた。こんな広いアメリカにも症例がないということは、どういうことなのか。

自棄酒《やけざけ》をあおった翌日、メジャーリーグの試合を観に行った。桑田がエンゼル・スタジアム・オブ・アナハイムに来ていた。僕がロサンゼルスに着いたときには、すれ違いで出て行った後で、会うことはできなかった。

僕はメジャーリーグというものに、興味を持ったことがない。清原はメジャー級だなどと言われて、密かに腹を立てていた。何がメジャーだ、俺は日本プロ野球級や。それでも日本の若い優秀な選手が、メジャーを目指していた。なぜそんなにメジャーに行きたがるのか。その試合を自分の目で見てみたかったのだ。

チケットだけ用意してもらって、普通のお客さんとしてスタジアムに入った。ホットドッグだけは食べようと決めていた。月曜日のエンゼルスとロイヤルズの試合だった。それほど人気のあるカードではないのに、4万8000人の観客だった。カクテルライトに照らされた開放的なスタジアムで、(ああ、みんなここに来たがるんだ)と思った。

何と言えばいいか、ベースボールってこういうことを言うんだと思った。お客さんの雰囲気が、日本とは少し違う。拍手もすれば、ブーイングもするのだが、どっちにしても笑い声が絶えないのだ。笑いながら、ブーイングしていたりする。野球を自然に楽しんでいた。

若い連中がメジャーリーグで野球をやりたい理由が少しわかった気がした。

僕の目当てはアナハイムの強打者、ウラジミール・ゲレーロ選手だった。駐車場にクルマを停め、他のお客さんと一緒に球場の入り口へと歩きながら、長い間忘れていた感覚を思い出した。ワクワクしていたのだ。ゲレーロってどんなバッターだろう。早く見たいと、思った。そんな気持ちで球場に行ったのは、もう30年近くも昔のことだ。

しかし、その試合にゲレーロは出場しなかった。そして、はたと気づいたのだ。日本のお客さんだって、みんなこんな気持ちで球場にやってくるのだ。清原が見たいと思ってきたお客さんが、今日は清原がグラウンドにいないと知ったら、どんなにガッカリすることだろう。そのことをものすごく痛感した。

これは自分のためだけの戦いやない。そう思ったら、絶望していた心に、少しだけ力が蘇《よみがえ》るのを感じた。アメリカの球場の開放的な雰囲気も、僕の気持ちを軽くしてくれたのかもしれない。

神戸のドクターには、前例のない手術だと言われていた。

成功の確率はどれくらいですかと聞いたら、確率も何もないと言われた。

「スポーツ選手が復帰するために、この手術を受けた前例は今までひとつもない。君が初めてやるんだから、グラウンドに戻れれば100パーセント。失敗すれば0パーセントだ」

誰もやったことないことだからこそ、やってみる価値があると思った。

高校野球のホームラン記録を作ってそのままプロになってルーキーで31本、誰もやったことないことをやったのが僕のプロ野球生活のスタートだった。それなら、その幕を下ろすために誰もやったことのないことをやる。日本にもアメリカにもなかった前例を作って、グラウンドに帰って自分の幕を下ろそう。

そう心に決めて、日本に帰国した。

手術の前に、ピアスを外した。

ピアスをつけているということは、ジャイアンツへのこだわりを引きずっているということだ。これからの戦いは、ジャイアンツとの戦いじゃない。自分自身との戦いなのだ。

怒りを引きずったまま、それはできないと思った。

持っていた3つのダイヤモンドのピアスを妻に託した。ひとつはお前に、あとの2つはいつか2人の息子に渡して欲しい。いつか結婚でもするときに、男が余計なお金を使わなくて済むから、と妻に言った。

形見分けなんて縁起でもないが、そういう気持ちもどこかにあった。

手術は7月6日に決まった。

手術着に着替えさせられ、ストレッチャーに寝たまま廊下を運ばれた。

ずっと、妻と子供たちの手を握っていた。

手術室の扉が開く。

家族と別れた。

手術台にストレッチャーが横付けされる。

看護師さんたちが、僕を手術台に乗せようとした。

「ちょっと待って下さい」

自分の脚で、ストレッチャーから降りた。

しばらくは立つこともできないと言われていた。

手術室の鏡に、自分が立っている姿を映した。

バッターボックスに立った姿を、脳裏に刻んだ。

(絶対に立つぞ)

心に誓い、手術台に身を横たえた。

麻酔が始まった。

医師が顔を覗き込む。

「名前を言って下さい」

「清原和博です」

そのまま意識を失った。


激痛で、意識を取り戻した。

味わったことのない痛みだった。この世にこんな痛みがあるのかと思った。

3日間、酸素マスクをしながら痛みに耐えた。

左膝が、自分の頭ほどの大きさに腫れ上がっていた。骨髄から、出血しているのだ。

僕の左膝の故障は、軟骨組織の損傷によるものだった。膝の関節の、骨と骨のクッションになるはずの軟骨が、長年の酷使で失われていた。骨と骨が直接ぶつかって、左膝に力が加わるたびに強い痛みに見舞われる。軟骨は再生しない。

現在知られている唯一の治療が、僕の受けた手術だった。左膝の損傷のない部分の軟骨を骨ごと円柱形にくり抜き、損傷の激しい部分に小さめの穴をあけ、そこに槌《つち》でガンガンと打ち込むのだ。その部分は手術と言うより、大工仕事に近い。その作業中、ドクターは意識のない僕に「清原、ガンバレ」と声をかけ続けたそうだ。意識もないのに、唸《うな》っていたのかもしれない。くり抜いて埋めた軟骨は5つだった。背中にだけでなく、膝にも5と数字を背負うことになったわけだ。

骨髄から染み出した血液が、チューブを通して流れていた。腕には点滴、尿道までもチューブにつながれていた。天井を見て痛みに耐えるしか、他にすることがなかった。

松葉杖なしで歩けるようになるまでに、半年前後はかかるだろうと言われていた。本来は歩行困難になったお年寄りなどに、最後の手段として施される手術だ。歩けるようにさえなれば、医学的には成功だ。

けれど、僕の場合はそれで終わりではなかった。

野球選手としてのリハビリは、そこがスタートラインなのだ。

リハビリを続け、なんとか松葉杖を使いながら歩けるようになりはしても、膝の痛みは半端じゃなかった。

この痛みが消えるとは、とても思えなかった。ドクターもゼロにはならないと最初から言っていた。今の痛みが10とすると、どれくらいまで痛みが減るのかと聞いた。

「4か5くらいやな」

ドクターがあっさり答えた。

4か5とは、また微妙な数字だ。希望を持っていいのかどうかよくわからない。

ドクターは、僕の気持ちを見越して言った。

「あとは清原君の気持ち次第で決まる。我々、医師のできることは決まっている。そこまではやった。あとは、君がどれだけリハビリをがんばって、どれだけ強い気持ちでグラウンドに立つという気持ちを持てるかどうかや」

それからのリハビリ生活は、文字通りの地獄だった。

ジャイアンツ時代の9年間はイバラの道だった。応援を拒否されたときは、人生が終わったような気がした。けれど、そんなことなど、リハビリの苦しみに比べたら、天国みたいなものだった。目の前に、打ち砕くべきピッチャーがいたのだ。昨日打てなくても、今日こそはという気持ちで朝を迎えられた。そしてバッターボックスに立てば、また昨日とは違うピッチャーとの戦いに心を燃やせた。

膝の痛みは、いつもそこにいた。足を一歩踏み出すごとに、僕に襲いかかり、カラダだけでなく心まで蝕んだ。

「とんでもない強敵や」と言っていた、ドクターの言葉の意味がよくわかった。

昨日より今日、今日より明日と、良くなっていく感覚がまったくない。2ヶ月前、3ヶ月前を思い出せば、あの時は入院していた、あの時はまだ松葉杖をついていたと、変化を知ることができる。けれど1週間前、2週間前という単位では何も変わらない。毎日、経験したことない痛みに耐えながら、リハビリを続けても、その成果が感じられない。

やれることは何でもやった。アメリカのスポーツ・クリニックや球団などで使用されているリハビリ用の水流プールを輸入して、球団にお願いして合宿所の隅に設置させてもらった。膝に負荷をかけずに、脚の筋力を取り戻すトレーニングをするためだ。

松葉杖を外せるようになっても、膝を固定する装具をつけない限り、走ることはおろか歩くことも満足にできなかった。それでも、その脚で少しずつジョギングを始めた。３歩進んで2歩下がるどころか、３歩進んで3歩下がるような、遅々として効果の現れないリハビリに業を煮やしていた。それでも、続けない限り、明日は来なかった。

口では威勢良く、開幕戦には復帰したいなどと言っていたけれど、そんなことがはたして可能なのかという思いのほうが強かった。こんな状態の膝が、野球という激しいスポーツを再開できるまでになるとはとても信じられなかった。

なんとかフリーバッティングを始めたのは、２００8年の3月だった。

愕然《がくぜん》とした。小学生の頃のほうが、まだましなスイングをしていたはずだ。リトルリーグのピッチャーの球でさえ、打てないだろうと思った。自分のイメージするスイングに、実際のカラダの動きがまったくついていかない。しかも左膝に装具をつけていないと、その情けないスイングすらもできなかった。

開幕戦復帰なんて夢のまた夢だった。

心が折れそうになった夜は数知れない。

子供たちの学校の関係もあって、妻と子供たちは東京の自宅にいたから、会えるのはたまの休みくらいのものだった。

神戸の独り住まいに帰って、テレビをつけると巨人対阪神戦だった。バットを思い切り振り、グラウンドを走る選手たちの姿と、こうして痛む膝を抱えてテレビを観ている自分の姿を比べると、情けなくて仕方なかった。オリックスに入団したときには、大阪ででかいホームランを打って、巨人軍の首脳たちに解雇したことを後悔させてやるという気持ちもあったのだ。それが俺の花道だと、心のどこかで考えていた。とんでもない。花道どころか、これでは思う壺《つぼ》だ。怪我をしてそのまま引退では、あの選択が正しかったことを裏書きしてやるようなものだ。ホームランを打つどころか、1年も試合に出られないまま、球団やチームのみんなに大きな迷惑をかけ続けていた。2007年シーズンオフの契約更改で、僕は野球ができるようになってから契約して下さいと言った。1年間まったく仕事ができなかった僕に、来季の契約をお願いする資格などどこにもないと思っていた。けれど、球団側はこれからも再起に向けて全面的にバックアップするからと言って、2008年の契約を結んでくれた。それなのに開幕戦復帰どころか、復帰する自信そのものが失《う》せかけていた。

何もかもが、嫌になった。何もかもが、信じられなかった。怒り、悔しさ、焦り、無念さ……様々な感情が抑えられなくなって、酒を浴びるように飲んでいた。飲めば飲むほど、自分の中のどす黒い嫌な感情が湧いて止まらなくなった。何もかも、ぶち壊したかった。その暴力的な感情に、身を任せていた――。

翌日、目が覚めて自分がしたことに愕然とした。

バットで部屋の壁をぶち抜いていた。壁を壊せば、道が見えるとでも思ったのか、めちゃくちゃに穴をあけていた。道は見えなかったのだろう。その証拠に、穴は部屋中のいたるところにあいていた。

壁に穴をあけたことよりも、それを自分のバットでしたことに衝撃を受けた。床にポツンと傷ついたバットが転がっていた。

小学3年生の頃から、野球の道具を何よりも大切にしてきた。練習が終われば道具はすべて自分の手で磨き上げる。それは、今も変わらない習慣だ。打てなくなるとバットを抱えて眠りについた。いつでも触れるように、家中にバットが置いてある。

プロ野球選手になって、折れたバットをゴミ箱にぽいと捨てる選手の姿を見るといつも悲しい気持ちになった。後輩にあまり意見は言わないほうなのだけれど、それだけは注意したことがある。丼の残り汁や、使ったちり紙の捨ててあるゴミ箱に、自分のバットを放り込むのは良くない。そんなことをするくらいなら、そのバットにサインを入れて、誰かにあげたほうがきっと喜ばれる。後輩は素直に話を聞いて、捨てたバットをバットケースに納めてくれた。二岡智宏が新人の頃だ。その次の打席で、二岡はホームランを打った。

他人に意見をしていた僕が、自分のバットでそんなことをしたことに打ちのめされた。

壁にあいた穴は、そのままにしておいた。自分への戒めのつもりだった。

ある日、部屋に帰るとその穴がふさがっていた。妻が来ていた。

彼女はすべての穴を、画用紙でふさいでいた。

子供たちが描いてくれた絵だった。

あの苦しい時期を乗り越えられたのは、僕の力などではない。

支えてくれる人たちがいなかったら、僕はとてもここまで来れなかった。

まだ松葉杖をついていた頃、長渕さんがツアーで大阪に来ていて、大阪城ホールでのリハーサルに呼んでくれた。リハビリが苦しい時期だったし、僕はあまり乗り気ではなかった。

けれど、「いいからちょっと来い」。長渕さんはしつこかった。

松葉杖をついて出かけていくと、長渕さんがステージに僕をひっぱり上げてくれた。大阪城ホールのど真ん中のステージに、ぽつんとマイクスタンドが1本立っていた。

視界の続く限り無人の客席が並んでいた。この人はこんなにたくさんの席を人で埋めようとしているのだと思った。長渕さんの不安と孤独に圧倒される気がした。

「俺はここに立ってるんだよ」

長渕さんが言った。

「お前も立て。もう一回お前のステージに立て」

心が震えた。

楽屋には何十本ものギターが並んでいた。1本だけ、離れた場所に大切そうにスタンドに立てたギターがあった。使い込んで、塗装がハゲていた。いちばん長いこと使っているギターだと教えてくれた。

帰り際に、長渕さんがそのギターを手に取った。

「持ってけ。お前にやるよ」


あの時期、僕のために何かをしようとしてくれた人のことをすべて書いたら、それだけで一冊の本になってしまうだろう。1年半もの間、つきっきりでリハビリを手伝ってくれた本屋敷のことは言うまでもない。加藤博一さんは、昔からよく僕に声をかけて下さっていた。この時期、彼自身が大病と戦っていたにもかかわらず、病室から何度も僕に励ましのメールを送って下さった。加藤さんの病気に比べたら、僕の膝など何でもないことなのだ。加藤さんは命の瀬戸際で戦っているというのに、自分はいったい何をしているんだ。リハビリが進まないくらいのことで、自暴自棄になってどうする。加藤さんの思いやりのこもった優しいメールに、叱咤される気がした。

松坂大輔も、岩村明憲も、イチローも――。それぞれのやり方で、僕を力づけようとしてくれた。

グラブやバットに自分の気持ちを託して送ってくれた選手もたくさんいた。ひとつひとつの言葉を読むたびに、心を奮い立たせながら、1ミリずつ前に進む芋虫のように、もがきながら前に進んだ。2軍戦に参加したときには、ファンの皆さんがアカペラで『とんぼ』を歌って励ましてくれた。

そして1軍復帰が8月3日と決まったとき、あいつがやってきた。

桑田が引退を発表したのは、2008年3月26日だった。

僕は翌朝のニュースで知った。

突然の引退だった。

体中から力が抜けた。心に穴があいた。本当に何もする気がなくなって、欠かさず続けていたリハビリと練習に3日間も行けなかった。そんなことは初めてだった。桑田という存在が自分にとってそれほど大きかったのだということに、僕は長い間気づいていなかった。

引退発表する桑田の顔が、また爽《さわ》やかで胸に応えた。ああ、こいつは本当にやり遂げたんだなと思った。

『ラスト サムライ』という映画の最後のシーンを思い出した。

明治天皇が勝元（渡辺謙）の死にざまを聞かせてくれと言うと、トム・クルーズが演じたオールグレンがこう答えるのだ。「いえ、私は、彼がどう生きたかをお話ししましょう」。

桑田は自分が納得できるところまでやりたいと言っていた。

マイナーリーグでがんばって、メジャー昇格目前で大怪我をさせられ、それでもそこから立ち直って、39歳でメジャーデビューをはたしたのだ。敗戦処理での登板はあいつのプライドが許さなかったかもしれないが、それでも必死で投げ続けて、リリーフに使われるまでになった。戦力外通告を受けても、なんとかピッチャーを続ける道を探していた。

ジャイアンツの18番を背負っていた男が、10代のマイナーリーグの選手たちと一緒になってもがき続けたのだ。そして、自分で決断した引退だった。

すごい生き様を見せてもらったと思った。

桑田が大怪我をしたという話を聞いて、僕はあいつに手紙とCDを送った。長渕さんの歌はお前には刺激が強過ぎるから、これを送ると書いてやった。コブクロの『桜』だ。

ちょうど桜の季節だった。野球選手にとって桜の季節は開幕の季節だ。毎年毎年、いろんな思いを抱えてその桜を見る。アメリカじゃあんまり桜は見られないだろうから、かわりに歌を送ったのだ。桑田は泣いたそうだ。

僕も同じ気持ちだった。2人とも巨人を去り、2人とも新天地で再起を目指して戦っていた。しかも同じタイミングで足を故障し、同じように長いリハビリに挑んでいる。桑田と僕の運命は、どうしてこんなにも重なり合っているのだろう。その不思議さに、心の深い部分を揺り動かされた。

仲が良いだけが、友達ではない。お互いに傷つけ合うこともあったけれど、桑田の存在はいつも僕の心を鼓舞してくれた。リハビリの辛さに耐えかねたとき、僕はよく桑田のことを思い出した。あいつも、この孤独に耐えているのだと思うだけで、折れそうになっていた心に熱い血が通うのを感じた。たとえ何があろうとも、桑田は何者にも代えることのできない、僕の終生の友なのだ。

ドラフトで遠く離れてしまった友との間は、長い時間をかけて少しずつ少しずつ縮まっていった。2人ともジャイアンツのユニフォームを脱いで、ようやく高校時代のように自然に話せるようになった。そういう意味では、本当に長い23年間だった。

引退を決めた桑田は、僕のバッティングピッチャーをすると言ってくれた。

僕が取材中に、桑田にバッティングピッチャーでもやってもらえたら嬉しいという話をしたのを、聞いてのことだった。

桑田にバッティングピッチャーをしてもらうなら、それは自分が1軍に上がって戦いの場に臨むときだ。それが桑田に対する礼儀だと思っていた。

桑田はその日のために、引退してからも毎日ピッチング練習を続けていたらしい。

僕にプロの球を投げるためだけに。

そしてその日がやってきた。

7月29日、スカイマークスタジアムだった。


今思い出しても、あれは夢だったのではないかと思うことがある。

広い球場を、僕たち2人だけで占領した。

桑田が現れると、まるで誰かがそうしたみたいに、一日中降っていた雨が上がって、空気が驚くほど澄み渡った。

カクテルライトに照らされたマウンドに、パイレーツのユニフォームを着た桑田が立っていた。

僕はバッターボックスで軽く素振りをした。

スカイマークスタジアムの打席で僕は膝に怪我をしたのだ。だから正直に言えば、その打席に立つのには恐怖心があった。けれど、僕は何も考えずに、バッターボックスに立つことができた。桑田が恐怖心を打ち払ってくれたのだ。

桑田が振りかぶる。

目の覚めるような球だった。

ミットが小気味のいい音を立てた。

球威は昔のままだ。正真正銘のプロの球だった。

桑田が2球目を投げた。

僕は思い切りバットを振った。

完璧なスイングだった。

怪我する前のスイングだ。

桑田が振りかぶる。

また思い切り振った。

何球目かに、ライナーが桑田の左足をダイレクトに直撃した。
全力の打球だ。150キロは超えていたはずだ。
その痛さはよく知っている。足は腫れたはずだ。
桑田は顔色ひとつ変えなかった。
足にアイシングスプレーをかけ、何でもないという風に軽く手を挙げた。
投げ続けた。
目頭がジンとした。
一球一球を惜しむように、31球を投げた。
僕も渾身の力で振った。
夢のような時間だった。
最後の最後に、真剣勝負をした。
初球はボール。
2球目はファール。
3球目は空振りさせられた。
2―1

そこから2本、ファールで粘った。
そして7球目。
何が来るかはわかっていた。
真ん中高め、ストレート。
桑田の会心の、そして最後の球だった。
一世一代のスイングをした。
最後の勝負は、空振り三振だった。
バッターボックスとマウンドの真ん中で、久しぶりにガッチリと抱き合った。
それから桑田は、マウンドに戻っていつもしているように土ならしを始めた。
うつむいて、ゆっくりゆっくりマウンドを整えていた。
いつまでも戻ってこなかった。
さっきまでやんでいた、雨がまた降り出した。
涙雨だと思った。

あれが僕と桑田の引退試合だった。

翌日、神戸の病院で膝にたまった水を抜いた。膝に負担をかけると水がたまるようになっていた。２軍の試合の後にも、よく抜いてもらっていた。

1週間に4試合して、だいたい10ミリリットルの水がたまった。試合した日は練習も含めて１００球くらい球を打つだろうか。つまり４００球で10ミリリットルだ。ところが桑田の38球だけで、その1週間分の倍近くの水がたまっていた。ドクターが注射器の目盛りを読んだ。

「18ミリリットルもとれたぞ」

量の多さより、その数字にドキリとした。

18は桑田の背番号だ。

桑田に背中を押してもらって、僕は1軍に昇格した。

これが幕引きだと心に決めていた。

誰も挑戦したことのないことに挑戦して、なんとかここまでやってきたのだ。あとはバッターボックスに立って、力の限り戦うだけだ。

その戦いは長くは続けられないだろう。

自分のカラダのことは自分がいちばんよくわかっている。

野球のできる膝に戻れたことだけでも、ほとんど奇跡なのだ。

「ユー・アー・オールドマン」と宣告すれば済む話なのに、リスクを承知で手術を引き受けて、ここまでにして下さったドクターの勇気には心から感謝している。

けれど、ここまでだった。野球はできる。けれど、自分のスイングは戻らなかった。

この膝では、どうやっても昔のスイングは取り戻せない。

それははっきりしていた。

だから、２００８年の残りのシーズンで終わりにしよう。

それ以上、球団に甘えるわけにはいかない。

実家に帰って、両親を祖父母の墓参りに誘った。祖父母の墓は、昔彼らが住んでいた村の裏手の小高い場所にある。僕はそこによく帰ってきていた。

ジャイアンツ時代も、何かあるとひとりでハンドルを握り、高速を飛ばして帰ってきていたのだ。岸和田の実家に帰るより、お墓参りの回数のほうが多かったかもしれない。

実家なら30分で帰るというわけにもいかないが、お墓なら手を合わせて思いを打ち明ければ、とんぼ返りできた。祖母は僕が高校時代に、祖父は西武で海外キャンプに行っている間に亡くなった。今までの人生でいちばん悲しかった思い出だ。

祖母はいつも僕を可愛がってくれていたし、祖父は僕がプロ野球選手になってからもずっと応援してくれていた。毎朝運動しながら「和博、ガンバレ」「和博、ガンバレ」と掛け声をかけているんだと言って笑っていた。田舎に自分を応援していてくれる人がいることを思い出して、スランプのときも勇気を奮い立たせたものだ。

そのお墓の手前でクルマを降りて、母に背中を向けた。「久しぶりにおんぶしてやるわ」と言った。母は何かを感じたのかもしれない。黙って背中に乗った。

暑い夏の日だった。

母を背負ったのは、顔を見ていると言い出せなくなりそうだったからだ。

背負ったとたん、堰《せ》き止めていたものがあふれて、涙がこみあげた。

祖父の墓へと続くゆるやかな坂を上りながら話を始めた。

「お母さん、僕な、野球やめるわ」

涙をこらえて、なるべくさりげなく言った。

母はびっくりするほど大きな声で応えた。

「わかった。もうやめ」

母も嗚咽《おえつ》していた。

何があっても絶対諦めるなと言う、強い母だった。西武時代によく大阪から新幹線に乗って食事を作りに来てくれていたときも、試合でデッドボールを受けて部屋に帰ると、母がよくものすごい勢いで怒っていた。僕より怒っていた。

「あのピッチャーのボケは、ほんまにもう……」

その先はここに書けないくらいの怒りようだった。

「なにもそこまで怒らんでも」

母をなだめるしかなくて、それで僕の怒りもおさまるのだった。

そういう母が、もうやめなさいと言って泣いていた。

打ち明けて良かったと思った。母はいくつも難しい病気を抱えている。それでも元気でいてくれているのは、僕が野球をやっているからだ。僕が野球をやめると言ったら、張り合いをなくして元気を失ってしまうんじゃないかと心配だったのだ。

けれど母も僕がやめると知って、ほっとしたようだった。

父が言った。

「これで、落ち着いて野球の試合が観られるようになるな」

1軍復帰の前日に会見をした。引退という言葉は使わなかった。チームがこれから後半戦に臨もうというときに、引退という言葉は使いたくなかった。「もう来年はグラウンドには立てないだろうと思います。明日からは、一打席一打席が野球人生の最後という気持ちで戦います」と言った。

心技体で言うなら、技も体もボロボロだった。

それでも、ひとつだけまだ残っている。

最後は、魂で戦うまでだった。

それがいちばん辛かった。

1軍の復帰戦は、8月3日。7回に代打で出て、空振り三振に終わった。

8月4日も7回に代打、久しぶりにセンター前ヒットを打った。

いや、成績のことはもういいだろう。

成績以前の問題だった。

リハビリの1年半は、巨人の9年間とは比べものにならないほど辛かった。

けれど、この最後の2ヶ月の苦しさはそれ以上だった。

辛い山道を登り切ったと思ったら、その先にさらに険しい道があった。

今まで飛距離を追求してきた人間が、いざ足が治ってグラウンドへ出ても、ホームランが入らないのだ。

誰よりもバッティングの練習が好きだったはずなのに、嫌でたまらなくなった。

バットが振れなくなっていた。

僕は左足が利き足だ。その左足が装具で固められて踏ん張れないから、どうやってもバットが走っていかない。

打ったとしても、それはまぐれだ。スイングスピードが出ないから、バットに球が当たることはあっても、球にバットが当てられないのだ。

そのスイングでは、絶対にプロの球は打てない。

それはプロが見れば、誰でもすぐわかることだ。

昔は僕がバットを振ると、周囲の人が息を呑むのがわかったものだ。

バックスクリーンを直撃するホームランに、ため息をもらす声が聞こえた。

それが今は僕のスイングを見ると、みんな唖然とする。見てはいけないものを見てしまったような気配が伝わってくる。

それがいちばん辛かった。

技も体も失った。

バッティングの技術はもう完全にゼロだ。

心を研ぎ澄ませて、偶然のチャンスにかけるしかなかった。

2本だけ長打が出たけれど、あれもどうやって打ったか自分でもわからない。

ボールはほとんど見えていない。スイングの技術とスピードがあって初めて、ボールが〝見える〟のだ。次の打席ではまた無様な三振をしていた。

自分がいちばんよくわかっているのだ。

僕のバッティングは、もはやプロでは通用しない。

それでも最後まで、バッターボックスに立ち続けるつもりだった。

ボッコボコに殴られてふらふらになりながら、目が潰れて相手の顔も見えないのに、頼むから当たってくれと、パンチを繰り出すボクサーのようなものだ。

23年間にためたバッティングの引き出しをすべて底までさらった。

試せることは何でも試した。

バット工場に通い、グラム単位で重さを変え、このバットならどうだろうと試す。打てない。また翌日、バット工場へ行って、重さを変える。長さを変える。

後輩に電話をしまくって、バッティングのコツを聞いた。自分のスイングができないなら、他の人のスイングが参考になるかもしれない。思いつく限りの人に電話して、アドバイスを受けた。けれど、何をどうやっても効果はない。

打ち方というものは、長年かけて身につけてきたものであって、そんな付け焼き刃で効果が上がるわけがないのだ。

それがわかっていても、もしかしたらという思いが湧いた。

最後に後悔したくないから、今できることなら何でもやった。

そして、腑甲斐ないスイングを続けた。

一発でもいいから当たってくれと祈る気持ちで、バッターボックスに立った。

誰もが応援してくれた。

たまにまぐれ当たりをすれば、お客さんが立ち上がって拍手してくれた。それは、とても嬉しくて、励みになったけれど、やっぱり恥ずかしい気持ちがいつもあった。

美人の誉《ほま》れ高い女優が、年老いて舞台に上がるときはこんな気持ちになるだろうか。

無様なスイングを人に見せるのが恥ずかしかった。

プロの球を打てるはずもないスイングで、ピッチャーに立ち向かうのは苦しかった。

みんながそれをわかっている。それをわかられていることを、僕は知っている。

知っているのに、知らないふりをしていた。

バッターボックスに立ち続けるしかなかったからだ。

最後の一発をどうしても打ちたかった。

なんとしてでも、ホームランをもう1本だけ打ちたかった。

まぐれでもなんでもいいから、スタンドへ放物線を描いて飛ぶ、美しいホームランを打ちたかった。

それができて初めて、自分はこの膝に勝てたと思えるのだ。

ジャイアンツにああいう形で戦力外通告を受けて、その悔しさにどう決着をつけたらいいかわからなくなっていた僕を救ってくれたのは、仰木さんだった。その仰木さんが言った決着のつけ方、僕の花道とはなんなのかと考え続けた。

そして見つけた答えが、最後にこの膝と戦って、幕引きをしようということだった。そう決めて最後のラウンドに臨んだものの、その幕引きを楽しむことはできなかった。

早く終わって欲しいと思う、でも打ちたい。

こんな自分の姿を見せたくない、でも打ちたい。

毎日が葛藤だった。

苦しみ抜きながら、最後の日に向かって、這うように進んだ。

今にして思えば、それこそが本当の男の花道だった。

10月1日が、僕の現役最後の試合だった。

その日まで、ついに思い描いたホームランを打つことはできなかった。

相手は王監督率いるソフトバンクだった。

最後の試合のために、球場にはたくさんの仲間や友人や恩師が足を運んでくれていた。佐々木主浩、金本知憲、片岡篤史、橋本清、土井正博元西武打撃コーチ。イチローはこの日のために、アメリカでのシーズンを終えた直後に飛行機に飛び乗っていた。

そしてもうひとり、桑田が来てくれていた。

あいつは遠慮深いやつだから、今日という日は清原とチームのための日だとかなんとか言って、最後まで僕のところには顔を見せなかった。

ただ僕の最後の姿を目に刻みたかったなんて、格好つけるのはあいつの悪い癖だ。

それでホロリとしてしまう僕も僕だけれど。

僕と桑田と王監督が、この場に揃っていた。23年前のあの日とはまた違う形で。

3人ともジャイアンツとは別のユニフォームを着ていた。

そして3人とも、そのユニフォームを2008年という同じ年に脱ぐことになった。

試合が始まる前に、その王監督から花束を授与されることになっていた。

縁の不思議さを感じた。

王監督に会うとき、僕はいつも少しだけ緊張する。

その日は少しだけ違っていた。

花束を手渡されたとき、王監督が耳元で囁いた。

その言葉で、すべてが癒された。

思えば王さんは、23年間の中で、何かことあるごとに僕にメッセージを伝えようとされていた。ハワイで偶然ご一緒したときには、「人生には思い通りにならないこともあるんだよ」と僕に言った。ＦＡでジャイアンツに移籍したときには花束と色紙を送って頂いた。そこには『大願成就』と書かれていた。

そのときは、感謝もしたし、気を遣って頂いたことが嬉しかったけれど、心のどこかのこだわりが邪魔をして、王さんの気持ちが僕の心の底には届かなかった。

けれど、その日の言葉は、真っ直ぐに僕の心に突き刺さった。

監督はこう言ったのだ。

「生まれ変わったら、必ず同じチームでホームラン競争しような」

王さんは高校時代の僕の気持ちを知っていたのだ。

王監督もこの23年間、僕と一緒に同じ十字架を背負ってくれていたのだと思った。

そして23年間で初めて、僕はこれで良かったのだと思った。

あのドラフトがあったから、今日の僕があるのだと。

僕の心の中心にあった小さな氷の塊を、最後の最後に王監督は溶かしてくれた。

そしてその最後の試合を、心の底から楽しんだ。

仰木さんがいなければ、この日は来なかった。

○

試合が終わって、長渕さんが『とんぼ』を歌ってくれた。

引退のときには、歌うからと長渕さんが言ってくれていた。

僕はその日が決まってすぐに、神戸から長渕さんにもらったギターを持って新幹線で上京した。僕がギターケースを抱えているのを見て不審そうな顔をする人もいたけれど、これだけは宅配便で送るわけにはいかない。自分の手で抱えていかなければ、と思っていた。

最後の『とんぼ』はそのギターで歌ってもらいたかった。僕の部屋に置いたそのギターが、なんだかとても寂しそうに見えたのだ。

23年間、ずっと戦って戦い抜いてきた。そしてその最後の戦いで、僕は身も心もボロボロになっていた。自分の魂に、戦いが終わったのだということを納得させないと、また心が暴れ出しそうで怖かった。

魂を鎮めてからでなければ、次の人生に進めないと思った。

長渕さんの歌で、僕の魂を鎮めてもらおうと思った。

けれど、その時にはすでに心は鎮まっていた。

『とんぼ』はいつもと違って聞こえた。

長渕さんの歌を聴きながら、どんどん気持ちが落ちついていくのを感じた。いつもは心が奮い立っていたのに、その日だけは何かから解放されるような気がした。

僕を支えてきてくれたすべての人、すべての野球ファンに、感謝する気持ちでいっぱいになった。恨む気持ちは、もうどこにも誰に対しても残っていなかった。

やっとこれで終わるんだと思った。


8回裏の第4打席。

2―2のカウントで、杉内の速球が内角高めに入った。

その最後の一振りまで、ホームランを狙っていた。

フルスイングした。

空振り三振。
それが僕の最後の一振りになった。
あの日から、一度もバットを握っていない。

企画　山本英俊（フィールズ）
見城　徹（幻冬舎）
構成　石川拓治
ブックデザイン　守先　正
カバー・表紙・扉写真　大橋　仁
編集　舘野　晴彦（幻冬舎）
菊地朱雅子（幻冬舎）
高部　真人（幻冬舎）
JASRAC許諾出0816411-801

〈著者紹介〉
清原和博　1967年大阪府岸和田市生まれ。高校時代、PL学園で1年生から4番を任され、5季連続で甲子園に出場、史上最多となる13本の本塁打を放つ。1985年にドラフト1位で西武ライオンズに入団。1986年に高卒新人新記録となる31本塁打を記録し、最優秀新人賞を獲得。1996年、FAで読売ジャイアンツに移籍、1998年にプロ入り以来13年連続20本塁打以上の日本記録を樹立。2006年、故仰木彬氏からの熱烈な誘いを受け、オリックス・バファローズ入団。2008年に現役引退。生涯通算成績は、2338試合出場、打率.272、525本塁打、1530打点。その他、サヨナラ本塁打12本、最多死球196、最多三振1955などの記録を持つ。

男道
2009年1月15日　第1刷発行

著　者　清原和博
発行者　見城　徹

発行所　株式会社　幻冬舎
〒151-0051　東京都渋谷区千駄ヶ谷4-9-7

電話:03(5411)6211(編集)
03(5411)6222(営業)
振替:00120-8-767643
印刷・製本所:中央精版印刷株式会社

検印廃止

ISBN978-4-344-01609-5 C0095
幻冬舎ホームページアドレス　http://www.gentosha.co.jp/

この本に関するご意見・ご感想をメールでお寄せいただく場合は、comment@gentosha.co.jpまで。